I am Tom만 알아도
입이 뻥 뚫리는 영어 패턴 35

초판 1쇄 인쇄 2014년 4월 18일
초판 1쇄 발행 2014년 4월 28일

지은이 이수미

펴낸이 김찬희
펴낸곳 끌리는책
기 획 (주)엔터스코리아 작가세상

출판등록 신고번호 제25100-2011-000073호
주소 서울시 구로구 경인로 55 206호(오류동 109-1 재도빌딩 206호)
전화 영업부 (02)335-6936 편집부 (02)2060-5821
팩스 (02)335-0550
이메일 happybookpub@gmail.com

ISBN 978-89-90856-67-8 13740
값 12,000원

* 잘못된 책은 구입하신 서점에서 교환해드립니다.
* 이 책 내용의 일부 또는 전부를 재사용하려면 반드시 사전에 저작권자와 출판권자의 동의를 얻어야 합니다.

I am Tom 만 알아도

입이 뻥 뚫리는 영어 패턴 35

이수미 지음

끌리는책

 Prologue

영어 공부에는 왕도가 있다!

꽃집 아저씨의 질문에 답하다

집 근처에 자주 들르는 꽃집이 있다. 꽃이나 화분을 사서 학원과 집을 꾸미기 위해 자주 가곤 한다. 내 직업이 영어 학원 원장이라는 이야기를 한 후 얼마 안 지난 어느 날, 꽃집 아저씨가 내게 불쑥 물었다.

"원장님, 도대체 영어를 잘하려면 어떻게 해야 합니까?"

순간 머릿속이 하얘졌다. 영어를 배우러 학원에 오는 수많은 수강생들, 대학이나 기업에서 영어를 배우는 사람들에게는 수도 없이 다양한 학습법을 알려주었지만, 이 아저씨에게는 단번에 '이렇게 해보세요'라고 한마디로 설명할 수 없었다. 나는 동네 꽃집 아저씨의 단순한 질문에 명쾌하게 답하지 못하는 내가 영어 선생님이 맞는지 반성했다.

'I am Tom. You are Jane. I am a boy. You are a girl.'을 시작으로 중고등학교에서 6년, 또 대학이나 사회에 나와서도 끊임없이 영어와 씨름했으면서도 영어로 말 한마디 제대로 못하는 사람들이 우리 주변에는 의외로 많다. 그런 사람들은 영어를 인생 최대의 걸림돌로 여기며 산다. 그렇다면 영어에 대한 막연한 두려움은 어디서부터 시작된 것일까? 영어 공부는 정말 어렵고 많은 시간이 필요할까? 만약에 원어민들도 일상생활에서 주로 사용하는 말이 1500단어를 넘지 않는다면? 하루에 사용하는 문장이 30개의 패턴을 넘지 않는다면? 그러면 우리가 그동안 배웠던 영어는 도대체 어느 나라 사람들이 쓰는 말이었을까?

나는 학교에서 영어 학습법에 대한 연구를 했다. 다양한 사람들에게 영어를 가르치면서 영어 학습자들이 가진 고민을 진지하게 들어볼 기회가 많았다. 오랜 세월 영어 공부를 해왔으면서도 왜 그렇게 영어에 대해 두려워하느냐고 물어보면 대답은 한결같았다. 대부분의 사람들이 도대체 얼마나 외워야 하는지 모를 단어와 숙어 그리고 도무지 익숙해지지 않는 문법 체계 때문에 괴로웠다고 했다. 간절함으로 도전했다가 번번이 포기하기를 반복했다고 했다. 나는 이런 사람들을 위해 다시 영어 공부에 흥미를 느낄 수 있고, 혼자 독학해도 영어에 대한 두려움이 자신감으로 바뀔 수 있는 책을 써야겠다고 결심했다.

나는 학교에서 연구한 혼자서도 실행 가능한 자기주도학습 코칭법을 적용해 이 책을 썼다. 학원을 직접 운영하고도 있지만 영어 공부는 반드시 학원에 다녀야 하고 원어민 강사에게 배워야 실력이 느는 것은 아니라고 말하고 싶다. 나는 우선 원어민들이 가장 많이 사용하는 문장을 총 35개의 패턴으로 정리했다. 하루에 한 문장씩을 활용해 말하고, 읽고, 쓰는 훈련을 반복하면서 먼저 영어와 친숙해지도록 했다. 말하자면 이 책은 꽃집 아저씨의 '영어 공부, 어떻게 하면 잘할 수 있느냐'는 질문에 대한 답이다. 지난 5년 동안 다양한 교재를 만들어보고 수강생들에게 직접 실행해보도록 실험하면서 만들어진 결과물이다.

35문장을 패턴으로 외워보자!

'학업에는 왕도가 없다'는 말이 있다. 맞는 말이다. 그러나 나는 영어 공부에는 왕도가 있을 것이라고 믿었고 그 길을 만들기 위해 노력했다. 대다수의 영어 학습자들이 좌절감을 느끼는 것은 공부해야 할 양은 많은데 어디서부터 어떻게 시작해야 할지 몰라서다. 이 책에서는 영어로 말하고, 읽고, 쓰기 위해 필요충분한 35개 문장만은 확실하게 외울 것을 영어 공부의 왕도로 제시했다.

영어를 잘하는 비결은 바로 기억 관리에 있다. 인간의 뇌가 한 번에

기억할 수 있는 것은 7개에 불과하다. 그럼에도 우리는 너무 많은 것을 외우려고 하고, 또 그렇게 많은 정보를 입력시키다가 결국에는 하나도 기억하지 못하는 우를 범한다. 제대로 기억한 게 없으니 실제로 써먹을 수도 없는 것이다.

하루 24시간의 1퍼센트는 약 15분이다. 나는 이 책으로 하루에 15분씩 35일을 투자해보라고 제안한다. 한 주에 7개 패턴을 7일 공부하고 5주까지 하면 35개의 패턴을 35일 만에 모두 익힐 수 있다. 하루에 하나의 패턴을 익히고 외우다보면 입이 뻥 뚫린다. 다른 사람이 써놓은 일기를 보면서 다시 패턴을 익히고 독해 실력을 향상시킬 수 있다. 그리고 나만의 일기를 써보고 오늘 익힌 패턴을 다시 반복하면서 영작문 실력을 쌓아 내 것으로 만들 수 있다. 이렇게 한 꼭지를 반복해서 익히면 그 패턴을 자유자재로 활용하며 쓸 수 있게 된다.

외국어 공부는 반복이 최선이므로 35일 동안 35개의 패턴을 익히면서 앞에서 익혔던 패턴을 끊임없이 반복할 수밖에 없도록 책 곳곳에 장치를 마련했다. 나는 이 책으로 학습한 독자가 35일 후에는 영어로 말하고, 읽고, 쓰는 것에 대한 두려움이 없어진 자신을 자랑스러워 할 것이라고 확신한다.

Never give up English! Good luck!

2014년 봄
이수미

CONTENTS

Prologue 영어 공부에는 왕도가 있다! · · · · · · · · · · · · · · · 4

WEEK ONE Well begun is half done!

Day 1: I was happy to~ (~해서 좋았다) · · · · · · · · · · · · · 14
Day 2: I was embarrassed by~ (~때문에 창피했다) · · · · · · · · 18
Day 3: I don't feel like ~ing (~하는 것이 내키지 않는다) · · · · · · 22
Day 4: I'm worried about~ (~이 걱정이다) · · · · · · · · · · · 26
         I'm afraid of ~ing (~할까 봐 겁난다)
Day 5: I wasted my money ~ing (~하는 데 돈을 낭비했다) · · · · · 30
         I regret ~ing (~한 것을 후회한다)
Day 6: It's no use ~ing (~해봐야 소용 없다) · · · · · · · · · · · 34
         Nothing is harder than ~ing (~하는 것보다 더 어려운 것은 없다)
Day 7: I think~ (~라고 생각해) · · · · · · · · · · · · · · · · · 38
         I firmly believe that~ (~라고 확신해)

WEEK TWO One day one pattern!

Day 8: I am positive that~ (~라고 확신해) · · · · · · · · · · · 44
         I have no doubt about~ (~라는 점에 의심의 여지가 없다)
Day 9: It is certain that~ (~라는 것이 분명하다) · · · · · · · · · 48
         be sure to~ (분명히 ~을 하다)

Day 10: must have p.p~ (~했음에 분명하다) · · · · · · · · · 52
I don't know whether~ (~인지 아닌지 모른다)
Day 11: The most important thing is~ (가장 중요한 것은 ~이다) · · · · · · 56
What is important is~ (중요한 것은 ~이다)
Day 12: I am planning to~ (~을 할 계획이다) · · · · · · · · 60
My plan is to~ (~을 하는 것이 나의 계획이다)
Day 13: I was about to~ (막 ~하려던 참이었다) · · · · · · · 64
I'm considering~ (~을 고려하고 있다)
Day 14: I am scheduled to~ (~할 예정이다) · · · · · · · · · 68
The first thing in the morning (아침에 일어나자마자)

WEEK THREE Hard work is never wasted!

Day 15: I want to~ (~을 하고 싶다) · · · · · · · · · · · 74
I hope to~ (~을 희망한다)
Day 16: I wish~ (~했으면) · · · · · · · · · · · · · 78
I should(shouldn't) have~ (~을 할 걸, ~을 하지 말 걸)
Day 17: I've decided~ (~하기로 결정했다) · · · · · · · · 82
Day 18: I'm determined to~ (~할 작정이다) · · · · · · · 86
Day 19: I'm eager to~ (~을 고대한다) · · · · · · · · · 90
I'm dying to~ (~을 하고 싶어 죽겠다)
Day 20: I'd rather~than… (…보다 차라리 ~을 하겠다) · · · · · · 94
Day 21: I was forced to~ (~을 하도록 강요받았다) · · · · · · 98

WEEK FOUR I can speak English very well!

Day 22: I'm satisfied with~ (~에 만족하다) · · · · · · · · · · · · · 104
I'm glad~ (~해서 다행이다)

Day 23: I'm disappointed~ (~에 실망했다) · · · · · · · · · · · · 108
It's disappointing~ (~은 실망스럽다)

Day 24: I'm thankful (grateful)~ (~에 감사하다) · · · · · · · · · 112

Day 25: I owe~ (~에게 빚지다) · · · · · · · · · · · · · · · · · · · 116
I'm proud~ (~이 자랑스럽다)

Day 26: 사역동사(have, make, let, help) + 목적어 +목적보어
(누가 ~하도록 시키다, 허락하다, 도와주다) · · · · · · · · · 120

Day 27: If I were there, I would~ (지금 거기에 있다면 ~할 텐데) · · · · · 124
If I could~, I would~ (~을 할 수 있다면 ~할 텐데)

Day 28: If I had enough~, I would~ (~충분했으면 ~했을 텐데) · · · · · 128
If it had not been for~ (~했었더라면 ~ 했었을 텐데)

WEEK FIVE Never, Never, Never give up English!

Day 29: What if~ (~하면 어쩌지?) · · · · · · · · · · · · · · 134

Day 30: It seems as if~ (마치 ~인 것처럼 보인다) · · · · · · · 138

Day 31: I don't think~ (~라고 생각하지 않는다) · · · · · · · · 142
I'm not quite sure~ (~라고 확신하지 않는다)

Day 32: I suspect that~ (~가 아닌가 하고 생각(의심)하다) · · · · · 146
I doubt that~ (~가 아닐까 하고 생각(걱정)하다)

Day 33: I wonder why~ (왜 ~을 하는지 의아하다) · · · · · · · · 150
I wonder if~ (~인지 아닌지 궁금하다)

Day 34: It is obvious that~ (~은 분명하다) · · · · · · · · · · 154
It is natural~ (~은 당연하다)

Day 35: (It is) No wonder~ (~은 당연하다) · · · · · · · · · · 158

WEEK ONE

Well begun is half done!

Day1: I was happy to~ (~해서 좋았다)
Day2: I was embarrassed by~ (~때문에 창피했다)
Day3: I don't feel like ~ing (~하는 것이 내키지 않는다)
Day4: I'm worried about~ (~이 걱정이다)
　　　I'm afraid of ~ing (~할까 봐 겁난다)
Day5: I wasted my money ~ing (~하는데 돈을 낭비했다)
　　　I regret ~ing (~한 것을 후회한다)
Day6: It's no use ~ing (~해봐야 소용 없다)
　　　Nothing is harder than ~ing (~하는 것보다 더 어려운 것은 없다)
Day7: I think~ (~라고 생각해)
　　　I firmly believe that~ (~라고 확신해)

I was happy to~
~해서 좋았다

'~해서 좋았다'는 to부정사(to+동사원형)를 이용하여 to부정사의 부사적 용법 중 원인의 의미로 써서 활용할 수 있다. 즉, 'I was happy'는 '나는 행복했다' 이고 to+동사원형은 '~해서'의 의미로, 다음과 같이 실제로 여러 상황에서 요긴하게 쓸 수 있다. 다음을 연습해보자.

I was happy to get a perfect score.

 핵심 패턴을 익히자!

1. 난생 처음 운전해서 기분 좋았다.

처음: for the first time, 난생, 태어나서: in my life

I was happy to _____.

2. 다른 사람들을 도와줘서 기뻤다.

남 · 다른 사람들: other people · others

I was happy to _____.

3. 가축들을 보니 즐거웠다.

가축 → 농촌이나 농장에서 기르는 동물: farm animals
야생동물 → 야생, 길들지 않은, 거친: wild animals

I was happy to _____.

4. 내 휴대전화를 사서 기분 좋았다.

내 휴대전화 → 나만의 휴대전화: my own cell phone

I was excited to _____.

5. 만점을 받아 기분 좋았다.

만점, 백점 → 완벽한 점수: a perfect score

I was happy to _____.

6. 너무 기뻐서 눈물이 날 뻔했다.

너무 ~해서 누가 ~하다: so ~ that~, ~할 뻔했다: be about to~

I was so happy that _____.

7. 친구들과 함께 갈 수 있어서 너무 좋았다.

I was so happy that _____.

1. I was happy to drive for the first time in my life.
2. I was happy to help others.
3. I was happy to see farm animals.
4. I was excited to buy my own cell phone.
5. I was happy to get a perfect score.
6. I was so happy that I was about to cry.
7. I was so happy that I could go with my friends.

패턴을 반복해서 연습하자!

오늘 난 잠실 야구장에 갔다.
두산과 삼성의 경기가 있었다.
난 두산을 응원했다.
3등을 지키기 위해, 두산은 삼성을 이겨야만 했다.
두산의 선발투수는 유희관이었다.
그는 두산의 좋은 투수들 중에 한 명이다.
그래서 난 두산의 승리를 확신했다.
예상대로 두산은 삼성을 이겼고 한국 야구리그에서 3등을 지켜냈다.
승리한 경기를 봐서 기뻤다.

Today, I went to Jamsil baseball stadium.
There was a match between Doosan and Samsung.
I cheered Doosan.
To protect third place, Doosan had to beat Samsung.
The starting pitcher of Doosan was Yoo hee-gwan.
He is one of the great pitchers of Doosan.
So I was sure about victory of Doosan.
As expected, Doosan beat Samsung and Doosan protects third place in Korean baseball league.
I was happy to watch winning game.

 ## 나만의 일기를 써보자!

연습한 패턴을 이용하여 다섯 문장 혹은 그 이상의 문장으로 나만의 영어 일기를 써보자.

POINTS
1. 한 패턴당 1point
2. 한 문장당 1point
* 패턴을 이용한 한 문장의 최종 점수는 2점

20___년 __월 __일

제목 :

자신의 점수를 스스로 계산해보자!
문장 수 :　　　　　패턴을 사용한 문장 수 :　　　　　총점 :

DAY 02

I was embarrassed by ~

~때문에 창피했다

embarrass는 '당황하게 만들다'는 의미이며, 이와 같은 감정 동사들은 사람이 주어로 올 때는 과거분사형 형용사와 잘 어울린다. 즉 '당황했다' 혹은 '창피했다'라고 말하고 싶을 때는 수동태(be+과거분사+by)를 이용하여 I was embarrassed by 다음에 당황하게 만든 이유나 대상을 넣어서 활용하면 된다. 다음의 문장들을 연습해보자.

I was so embarrassed that my face turned red.

 핵심 패턴을 익히자!

1. 내 점수에 당황했다.

I was embarrassed by _____.

2. 그의 행동에 창피했다.

행동하다 behave → 행동 behavior

I was embarrassed by _____.

3. 나의 부주의함에 창피했다.

부주의한: careless , 부주의함: careless + ness

I was embarrassed by _____.

4. 어릴 때 내 이름 때문에 창피했다.

어릴 때: when I was little

I was embarrassed by _____.

5. 작년에 내가 한 일에 창피함을 느꼈다.

작년에: last year, 내가 한 일, 내가 한 것: what I did

I was embarrassed by _____.

6. 너무 창피해서 얼굴이 빨개졌다.

빨개졌다: turned red

I was so embarrassed that _____.

7. 빙판에서 넘어져서 창피했다.

빙판에서 넘어지다, 얼음 위에서 미끄러지다: slip down on the ice

I was embarrassed _____.

8. 내가 예상했던 것보다 어려워서 당황했다.

예상했던 것보다 어려웠다: harder than I had expected

I was embarrassed _____.

1. I was embarrassed by my score.
2. I was embarrassed by his behavior.
3. I was embarrassed by my carelessness.
4. I was embarrassed by my name when I was little.
5. I was embarrassed by what I did last year.
6. I was so embarrassed that my face turned red.
7. I was embarrassed when I slipped down on the ice.
8. I was embarrassed because it was harder than I had expected.

패턴을 반복해서 연습하자!

오늘 난 내 친구와 축구 게임을 했다.
우리가 축구 게임을 할 때 난 항상 그를 이겨왔다.
그러나 오늘 난 처음으로 그에게 졌다.
그래서 매우 창피했다.
난 이 현실을 인정하고 싶지 않았다.
우리가 해온 많은 경기들 중 단 한 판을 이겼지만 그는 나를 놀려댔다.
그래서 난 정말로 화가 났었다.
난 앞으로 그에게 절대로 지지 않을 것이다.

Today, I played soccer game with my friend.
When we play soccer game, I always have beaten him.
But today, I was defeated by him for the first time.
So I was really embarrassed.
I didn't want to accept this reality.
Although he won just one game out of many games which we have played, he made fun of me.
So I was really angry.
I will never lose against him.

 나만의 일기를 써보자!

오늘의 미션은 앞에서 익힌 두 개의 패턴을 이용하여 다섯 문장 이상의 영어 일기를 써보는 것이다.

POINTS

1. 한 패턴당 1point
2. 한 문장당 1point
 * 패턴을 이용한 한 문장의 최종 점수는 2점

20___년 ___월 ___일

제목 :

자신의 점수를 스스로 계산해보자!
문장 수 :   패턴을 사용한 문장 수 :   총점 :

DAY 03
I don't feel like ~ing
~하는 것이 내키지 않는다

feel like ~ing는 '~하고 싶다'는 의미이다. like는 '~처럼'이라는 뜻의 전치사로 전치사 다음에 동사를 넣고 싶으면 반드시 동명사로 바꿔 써야 한다. 즉 '~처럼 느끼다'는 의미로 '~하고 싶다'고 할 때 활용할 수 있는 패턴이다. 다음의 문장들을 연습해보자.

I don't feel like playing computer games tonight.

 핵심 패턴을 익히자!

1. 오늘 밤에는 컴퓨터 게임이 내키지 않는다.

   I don't feel like _____.

2. 비싼 것을 사고 싶지 않다.

   비싼 것: something expensive

   I don't feel like _____.

3. 공포 영화가 내키지 않는다.

   I don't feel like _____.

4. 중국 음식이 내키지 않아.

I don't feel like _____.

5. 지금은 그런 대화를 하고 싶지 않다.

그런 종류의 대화를 하다: have that kind of conversation

I don't feel like _____.

6. 책을 읽는 것이 내키지 않아서 대신 영화를 봤다.

I didn't feel like _____, so I _____.

7. 그녀에게 있으라고 부탁하고 싶지 않았다.

I didn't feel like _____.

1. I don't feel like playing computer games tonight.
2. I don't feel like buying something expensive.
3. I don't feel like watching horror movies.
4. I don't feel like eating chinese food.
5. I don't feel like having that kind of conversation right now.
6. I didn't feel like reading the book, so I saw the movie instead.
7. I didn't feel like asking her to stay.

WEEK ONE Well begun is half done! 23

패턴을 반복해서 연습하자!

오늘 난 새로운 세탁기를 사기 위해 하이마트에 갔다.
어머니는 신중하게 세탁기들을 비교하셨다.
그리고 그것들 중 하나를 고르셨다.
새 세탁기는 내일 배달될 것이다.
그러나 난 새로운 세탁기를 산 것이 맘에 내키지 않는다.
왜냐하면 옛 것도 아직 쓸만하기 때문이다.
돈을 낭비한 것 같아 기분이 별로다.

Today, I went to Hi-mart to buy a new washing machine.
My mother compared washing machines carefully.
And she took one of washing machines.
The new washing machine will be delivered until tomorrow.
But I don't feel like buying new machine because I think the old one can still work.
So I was not happy to waste money.

 ## 나만의 일기를 써보자!

가능하면 앞에서 연습한 세 개의 패턴만을 이용해서 일기를 써보자. 완성도 있는 영어보다는 패턴을 많이 연습해보는 것에 의미를 두자. 이제까지 연습한 패턴 문장들과 영어 일기를 큰 소리로 세 번 읽어보자. 훨씬 쉽고 능숙하게 일기를 쓸 수 있다. 읽는 것이 자연스럽고 리듬을 탈 때까지 반복하면 더욱 좋다.

POINTS

1. 한 패턴당 1point
2. 한 문장당 1point
* 패턴을 이용한 한 문장의 최종 점수는 2점

20___년___월___일

제목 :

자신의 점수를 스스로 계산해보자!
문장 수 :   패턴을 사용한 문장 수 :   총점 :

WEEK ONE Well begun is half done!

DAY 04

I'm worried about ~ ~이 걱정이다
I'm afraid of ~ing ~할까 봐 겁난다

be worried about은 about이 '~에 관하여'란 뜻이므로 I에 맞는 be동사 am과 함께 I'm worried about이라고 하면 '~이 걱정이다'라는 뜻이다. be afraid of는 '~이 두렵다'란 뜻으로 of가 전치사이므로 다음에 오는 동사는 동명사(~ing) 형태로 만들어 활용하면 된다. 다음의 문장들로 연습해보자.

I'm worried about the future of our country.

 핵심 패턴을 익히자!

1. 성적이 걱정이야.

I'm worried about _____.

2. 친구들의 안전이 걱정이야.
안전한: safe, 안전: safety

I'm worried about _____.

3. 우리나라의 미래가 걱정이야.

I'm worried about _____.

4. 너무 걱정이 되어 잠을 잘 수가 없다.

I'm so worried that _____.

5. 너무 걱정이 돼서 어떤 것에도 집중을 할 수 없었다.

집중하다: concentrate on

I was so worried that _____.

6. 실수할까 봐 걱정이야.

실수하다: make a mistake / mistakes

I'm afraid of _____.

7. 경기 중에 공에 맞을까 봐 걱정이야.

경기 중에: during the game, 맞다: get hit

I'm afraid of _____.

8. 컴퓨터 게임에 중독될까 봐 걱정이다.

~에 중독되다: become addicted to~

I'm afraid of _____.

9. 물가가 또 오를까 봐 걱정이야.

물가: the prices

I'm afraid that _____.

1. I'm worried about my grade.
2. I'm worried about the safety of my friends.
3. I'm worried about the future of our country.
4. I'm so worried that I can't sleep.
5. I was so worried that I couldn't concentrate on anything.
6. I'm afraid of making mistakes.
7. I'm afraid of getting hit by a ball during the game.
8. I'm afraid of becoming addicted to computer games.
9. I'm afraid that the prices will go up again.

패턴을 반복해서 연습하자!

귀가길이었다.
골목을 돌아서려는데, 몇 명의 학생들이 공원에서 담배를 피우고 있는 것이 보였다.
처음에는 그 담배 냄새가 불쾌했다.
그리고 그 학생들의 건강이 염려되었다.
그들의 폐가 상하지 않을까 걱정되었다.
나는 내 가족 중 누구라도 담배 피우는 것을 허락하고 싶지 않다.

I was coming home.
When I turn around the corner, I noticed some students were smoking in the park.
At first, I hated the smell.
Then, I was worried about their health.
I'm afraid of being hurt their lung.
I don't feel like allowing my family's smoking.

 나만의 일기를 써보자!

오늘은 이미 배운 네 개의 패턴을 이용하여 영어 일기를 다섯 문장 이상이 되도록 써보는 것이 미션이다. 일기를 다 쓴 후 큰소리로 다섯 번 읽어보면 영어 실력이 늘고 있는 것을 알 수 있다.

POINTS
1. 한 패턴당 1point
2. 한 문장당 1point
* 패턴을 이용한 한 문장의 최종 점수는 2점

20___년___월___일

제목 :

자신의 점수를 스스로 계산해보자!
문장 수 :　　　　　패턴을 사용한 문장 수 :　　　　　총점 :

WEEK ONE Well begun is half done!

DAY 05

I wasted my money ~ing
~하는 데 돈을 낭비했다
I regret ~ing   ~한 것을 후회한다

waste는 '낭비하다'는 의미이다. '돈 낭비하다', '시간 낭비하다'라고 말할 때는 waste money ~ing 혹은 spend time ~ing로 표현할 수 있다. waste money ~ing는 동명사(~ing)의 관용표현이므로 묻지도 따지지도 말고 무조건 암기하여 적용하면 OK! 다음의 문장들을 통해 연습해보자.

I regret voting for him in last year's election.

 핵심 패턴을 익히자!

1. 컴퓨터 게임 사는 데 돈을 낭비했다.

   I wasted my money _____.

2. Jane과 거의 8시간을 얘기했다.

   I spent _____.

3. 그는 자기 돈 절반을 복권 사는 데 낭비했다.

   He wasted _____.

4. 별로 중요하지도 않은 것을 사는 데 돈을 낭비하고 싶지 않았다.

I didn't want to waste my money _____.

5. 작년 선거에서 그 사람한테 투표한 걸 후회한다.

~에게 투표하다: vote for~, 작년 선거에서: in last year's election

I regret _____.

6. 그 전화기 산 걸 후회한다.

I regret _____.

7. 그것 때문에 그녀와 헤어진 것을 후회한다.

~와 헤어지다: break up with~

That is why I regret _____.

1. I wasted my money buying computer games.
2. I spent almost eight hours talking to Jane.
3. He wasted half of his money buying lottery.
4. I didn't want to waste my money buying something that isn't really important.
5. I regret voting for him in last year's election.
6. I regret buying the phone.
7. That is why I regret breaking up with her.

패턴을 반복해서 연습하자!

집에는 할 일이 많이 있었다.
또 숙제도 많았다.
그래서 오늘은 외출하지 않으려고 했다.
그런데 오전에 친구한테 점심 먹자는 전화가 왔고,
친구랑 서울에 가서 점심을 먹었다.
이제 나는 밤새 숙제를 해야 한다.
친구랑 약속한 것이 후회된다.
친구를 만난 건 좋았지만 친구 만나느라 시간을 많이 써버렸다.
숙제를 다 마칠 수 있을지 걱정이다.

There were many things to be taken care of at home.
Also, I had a lot of homework.
So, I didn't feel like going out today.
In the morning, my friend called me to have lunch together.
And I went to Seoul to eat out with my friend.
Now, I have to do my homework all night.
I regret making the appointment today.
I was happy to see my friend.
But I spent my time meeting my friend.
I'm afraid of not finishing my homework.

 나만의 일기를 써보자!

앞서 배운 다섯 개의 패턴을 이용하여 일기를 써보자. 다섯 문장 이상으로 된 일기를 쓰되 모든 패턴을 한 번 이상 사용해야 한다. 패턴만 이용해 쓰기 때문에 어색할 수 있지만 패턴은 확실히 익힐 수 있다.

POINTS

1. 한 패턴당 1point
2. 한 문장당 1point
* 패턴을 이용한 한 문장의 최종 점수는 2점

20___년 ___월 ___일

제목 :

자신의 점수를 스스로 계산해보자!
문장 수 :　　　　　　패턴을 사용한 문장 수 :　　　　　　총점 :

WEEK ONE Well begun is half done!

DAY 06

It's no use ~ing ~해봐야 소용 없다
Nothing is harder than ~ing
~하는 것보다 더 어려운 것은 없다

It is no use ~ing는 '~해도 소용 없다'는 뜻으로 ~ing자리에는 동사원형을 넣어 동명사 형태로 만들어 활용한다. 이 표현은 동명사의 관용표현으로 무조건 암기해서 적용시켜야 하는 약속과 같다. 다음 문장들을 통해 관용표현에 익숙해지기를 바란다.

Nothing is harder than saying goodbye to someone you love.

핵심 패턴을 익히자!

1. 시험 전에 밤새봐야 소용 없다.

새다, 밤새도록 깨어 있다: stay up all night

It's no use _____.

2. 구체적인 것은 나한테 물어봐야 소용 없다.

It's no use _____.

3. 그녀에게 문제를 설명하려 해봐야 소용 없다.

It's no use _____.

4. 나 같은 사람과 말싸움 해봐야 소용 없다.

~와 말싸움하다: argue with, 나 같은 사람: someone like me

It's no use _____.

5. 혼자 블로그를 유지하는 것만큼 어려운 것은 없다.

블로그를 유지하다: maintain a blog

Nothing is harder than _____.

6. 주인공역을 할 적임자를 찾는 것만큼 어려운 것은 없다.

Nothing is harder than _____.

7. 사랑하는 사람에게 작별 인사를 하는 것만큼 어려운 것은 없다.

Nothing is harder than _____.

1. It's no use staying up all night before an exam.
2. It's no use asking me about specific things.
3. It's no use trying to explain the problem to her.
4. It's no use arguing with someone like me.
5. Nothing is harder than trying to maintain a blog by yourself.
6. Nothing is harder than finding the right person to fill a leading role.
7. Nothing is harder than saying goodbye to someone you love.

패턴을 반복해서 연습하자!

기말 시험에 대해 걱정하고 있었다.
하지만 나는 컴퓨터 게임을 하는 데 내 시간을 낭비했다.
공부하는 데 집중할 수 없었고, 지금 내 성적에 당황스럽다.
그러나 이제와 후회해봐야 소용 없다.

I was worried about final term.
But I wasted my time playing computer games.
I couldn't have focused on studying.
Now I am embarrassed by my score.
But, it's no use regreting now.

 나만의 일기를 써보자!

오늘은 지금까지 익힌 여섯 개의 패턴만을 이용해 일기를 써보자. 일기가 어색해지더라도 여섯 개의 패턴만을 이용하자.

POINTS
1. 한 패턴당 1point
2. 한 문장당 1point
* 패턴을 이용한 한 문장의 최종 점수는 2점

20___년___월___일

제목 :

자신의 점수를 스스로 계산해보자!
문장 수 :					패턴을 사용한 문장 수 :					총점 :

DAY 07

I think~ ~라고 생각해
I firmly believe that~ ~라고 확신해

I think (that)~는 '나는 that절을 생각한다'의 뜻으로 목적어(~을)로 절이 온 형태이다. 이때 목적절을 이끄는 접속사 that은 생략이 가능하므로 I think 다음에 바로 이어서 절(=문장)이 목적어로 올 수 있다. 다양한 경우의 문장을 만들어보고 소리내어 읽으며 연습해보자.

I firmly believe that meditation helps reduce stress.

핵심 패턴을 익히자!

1. 당신이 그 사고에 책임이 있다고 생각해.

    ~에 책임 있다: be responsible for

    I think _____.

2. 나만의 프로젝트를 시작해볼 생각이야.

    I think _____.

3. 그 사람이 부모님으로부터 돈을 부탁해야 한다고 생각해.

    ~을 요구하다: ask for

    I think _____.

4. 그것들 중에서 당신이 가장 좋아하는 품목을 찾을 수 있을 거라고 생각해.

가장 좋아하는 품목: your favorite items

I think _____.

5. 발생하는 모든 일에는 이유가 있다고 확신한다.

모든 것은 이유를 갖고 발생한다: everything happens for a reason

I firmly believe that _____.

6. 명상이 스트레스를 줄이는 데 도움이 된다고 확신해.

줄이는데 도움이 된다: help reduce stress

I firmly believe that _____.

7. 그가 단지 오랜 친구들의 비위를 맞추려 한다고 확신해.

비위를 맞추다, 즐겁게 하다: please somebody

I firmly believe that _____.

8. 정직이 리더십의 핵심 요소라고 확신해.

핵심요소: a key component

I firmly believe that _____.

1. I think you are responsible for the accident.
2. I think I will start my own project.
3. I think he should ask for money from his parents.
4. I think you will find your favorite items among them.
5. I firmly believe that everything happens for a reason.
6. I firmly believe that meditation helps reduce stress.
7. I firmly believe that he just wants to please his old friends.
8. I firmly believe that honesty is a key component of leadership.

📚 패턴을 반복해서 연습하자!

시험 전에 밤새봐야 소용없다.
지난 주에 친구가 전주에서 나를 만나기 위해 왔다.
친구를 만나서 좋았고 우리는 즐거운 시간을 보냈다.
나는 내 친구랑 노느라 이틀을 보냈고,
시험 성적이 좋지 않다.
나는 시험 전에 밤새봐야 소용이 없다는 것을 확신한다.

It's no use staying all night before an exam.
Last week, one of my friends came to see me to my house from Jeonju.
I was happy to see my friend.
We had a good time together.
I spent almost 2 days playing with my friend.
Now, I got a bad score.
I firmly believe that it's no use staying night before an exam.

📚 나만의 일기를 써보자!

지금까지 연습한 일곱 개의 패턴 중에서 다섯 개의 패턴을 이용해 일기를 써보자. 사실대로 쓰는 것보다는 연습한 패턴을 활용하여 일기를 쓰는 것이 중요하다.

POINTS
1. 한 패턴당 1point
2. 한 문장당 1point
* 패턴을 이용한 한 문장의 최종 점수는 2점

20___년 ___월 ___일

제목 :

자신의 점수를 스스로 계산해보자!
문장 수 :   패턴을 사용한 문장 수 :   총점 :

WEEK ONE Well begun is half done!

WEEK TWO

One day one pattern!

Day8: I am positive that~ (~라고 확신해)
  I have no doubt about~ (~라는 점에 의심의 여지가 없다)
Day9: It is certain that~ (~라는 것이 분명하다)
  Be sure to~ (분명히 ~을 하다)
Day10: must have p.p~ (~했음에 분명하다)
  I don't know whether~ (~인지 아닌지 모른다)
Day11: The most important thing is~ (가장 중요한 것은 ~이다)
  What is important is~ (중요한 것은 ~이다)
Day12: I am planning to~ (~을 할 계획이다)
  My plan is to~ (~을 하는 것이 나의 계획이다)
Day13: I was about to~ (막 ~하려던 참이었다)
  I'm considering~ (~을 고려하고 있다)
Day14: I am scheduled to~ (~할 예정이다)
  The first thing in the morning (아침에 일어나자마자)

DAY 08

I am positive that ~ ~라고 확신해
I have no doubt about ~
~ 라는 점에 의심의 여지가 없다

positive는 '긍정적인'이라는 뜻이다. positive 다음에 [that+주어+동사]가 오면 '~라고 확신해'라는 의미로 사용할 수 있다. 즉 I am positive that it is not your fault는 '나는 그것이 너의 잘못이 아니라고 확신해'라는 뜻이 된다. fault는 '결점', '잘못'이라는 뜻이다.

I have no doubt about the existence of aliens within our solar system.

핵심 패턴을 익히자!

1. 그것이 너의 잘못이 아니었다고 확신한다.

I am positive that _____ .

2. 그가 우리를 실망시키지 않을 거라고 확신해.

실망시키다: let us down

I am positive that _____ .

3. 당신이 필요로 하는 모든 책을 구할 것이라고 확신한다.

I am positive that _____ .

4. 우리에게 곧 돌파구가 생길 거라고 확신한다.

곧 ~이 생기다: on the verge of ~, 돌파구: a breakthrough

I am positive that _____.

5. 그녀가 얼마나 나를 사랑했는지는 의심의 여지가 없다.

I have no doubt about _____.

6. 우리의 태양계 안에 외계인이 있을 거라는 것에 의심의 여지가 없다.

외계인이 있을 거라는 것, 외계인의 존재: the existence of aliens

I have no doubt about _____.

7. 그가 미국 시민이라는 것에는 의심의 여지가 없다.

I have no doubt that _____.

8. 그가 성공하는 데 당신이 주된 역할을 했다는 것에는 의심의 여지가 없다.

주된 역할을 하다: play a major role

I have no doubt that _____.

1. I am positive that it wasn't your fault.
2. I am positive that he will not let us down.
3. I am positive that you will get all the books that you need.
4. I am positive that we are on the verge of a breakthrough.
5. I have no doubt about how much she loved me.
6. I have no doubt about the existence of aliens within our solar system.
7. I have no doubt that he is an American citizen.
8. I have no doubt that you played a major role in his success.

패턴을 반복해서 연습하자!

어제 나는 하루 종일 게임을 해서 좋았다.
그러나 나는 지금 하루 종일 게임한 것을 후회한다.
난 공부를 하지 않았다.
그래서 내 기말 고사가 걱정된다.
지금부터 공부해봐야 소용없을 것 같다.
그리고 내가 좋지 못한 점수를 받을 것은 의심할 여지가 없다.

Yesterday, I was happy to play game all day.
But now I regret playing game all day.
I did not study.
So I am worried about my final test.
I think it's no use studying from now on for the test.
And I have no doubt that I will get bad grade.

 나만의 일기를 써보자!

앞에서 익힌 패턴을 이용해 다섯 문장 이상으로 구성된 일기를 써보자. 여덟 개의 패턴 중 다섯 개 이상을 활용하는 것이 오늘의 미션이다. 일기를 쓴 후에는 큰 소리로 다섯 번 읽어보며 패턴을 한 번 더 확인해보자.

POINTS
1. 한 패턴당 1point
2. 한 문장당 1point
* 패턴을 이용한 한 문장의 최종 점수는 2점

20___년___월___일

제목 :

자신의 점수를 스스로 계산해보자!
문장 수 :　　　　　　패턴을 사용한 문장 수 :　　　　　　총점 :

WEEK TWO One day one pattern!　47

DAY 09

It is certain that~ ~라는 것이 분명하다
be sure to~ 분명히 ~을 하다

certain은 '확실한, 분명한'이라는 뜻이다. It is certain that~에서 that~(진주어)이 '~라는 것이 분명하다'는 것을 뜻하며, It은 가주어이므로 해석하지 않는다. 즉 It is certain that you will pass the exam은 '네가 시험에 통과할 것이 분명해'라는 의미가 된다.

It is certain that you will lose the game eventually.

핵심 패턴을 익히자!

1. 그는 내일 확실히 시험에 통과할 것이다.

It is certain that _____.

2. 재능만 있다면 나이는 상관이 없다는 것은 확실하다.

상관이 없다: does not make any difference, 재능이 있다: have the talent

It is certain that _____.

3. 이 두 문제는 서로 관련이 있는 것이 분명하다.

관련이 있다: be related

It is certain that _____.

4. 결국 당신이 그 게임에서 질 것이 확실하다.

   결국:eventually

   It is certain that _____.

5. 난 분명히 그 두 회사에 대한 그의 의견을 물을 것이다.

   I'm sure to _____.

6. 그는 분명히 신속하게 회복할 것이다.

   신속하게 회복하다: make a quick recovery

   He is sure to _____.

7. 내가 조만간 그녀의 이름을 알아낼 것이다.

   조만간: sooner or later

   I'm sure to _____.

8. 우리는 동창회에서 분명 좋은 시간을 보낼 것이다.

   We are sure to _____.

1. It is certain that he will pass the exam tomorrow.
2. It is certain that your age does not make any difference if you have the talent.
3. It is certain that these two problems are related.
4. It is certain that you will lose the game eventually.
5 I'm sure to ask his opinion of those two companies.
6. He is sure to make a quick recovery.
7. I'm sure to find out her name sooner or later.
8. We are sure to have a good time at the reunion.

패턴을 반복해서 연습하자!

오늘 선생님이 나에게 시험 점수를 주셨다.
내 점수를 봤을 때 나의 좋지 못한 점수에 당황스러웠다.
점수를 받기 전까지 난 내가 좋은 점수를 받을 것이라 생각했었다.
그래서 난 나의 답을 빠르게 재검토했다.
그때 난 나의 많은 실수들을 찾아낼 수 있었다.
나의 실수를 후회해봐야 소용없었다.
난 확신할 수 있다.
만약 내가 실수를 하지 않았더라면 더 좋은 점수를 받았을 것이다.

Today my teacher gave me the test grade.
When I saw my grade, I was embarrassed by my bad grade.
Until before I got the grade, I thought I would get good grade.
So I checked my answers again rapidly.
Then I found so many mistakes.
But it was no use regretting my mistakes.
So I firmly believe that if I didn't make mistakes, I could get higher grade than this one.

 ## 나만의 일기를 써보자!

이제까지 익힌 패턴은 아홉 개다. 오늘은 아홉 개의 패턴 중 가능한 많은 패턴을 이용하여 일기를 쓰되, 패턴이 겹치지 않고 다섯 개 이상의 패턴이 각각 한 문장 이상이 되도록 해보자. 그리고 한 패턴으로 적어도 열 개의 상황을 만들어 읽어보자.

POINTS
1. 한 패턴당 1point
2. 한 문장당 1point
* 패턴을 이용한 한 문장의 최종 점수는 2점

20___년 ___월 ___일

제목 :

자신의 점수를 스스로 계산해보자!
문장 수 :   패턴을 사용한 문장 수 :   총점 :

DAY 10

must have p.p~ ~했음에 분명하다
I don't know whether~ ~인지 아닌지 모른다

must have p.p는 '~했음에 틀림없다'는 것을 의미한다. 과거에 대한 강한 추측을 할 때 사용한다. 즉 '너는 배고프다'는 뜻의 You are hungry를 must have p.p를 이용하여 과거분사(p.p)자리에 are(be동사)의 과거분사 형태 been을 넣어서 You must have been hungry를 사용해 '너는 배고팠던 게 틀림없다'는 문장을 만들 수 있다. 반대로 '~인지 아닌지 모른다'의 불확실한 상태를 표현할 때는 I don't know whether를 사용한다. whether는 '~인지 아닌지'의 뜻이다.

He must have been tired and hungry.

 핵심 패턴을 익히자!

1. 그는 지치고 배가 고팠음에 틀림없다.

   He must have _____.

2. 그녀는 그것을 하도록 강요당했음에 틀림없다.

   ~을 강요하다: force to~, ~을 강요당하다: be forced to~

   She must have _____.

3. 그들은 산책을 나갔음에 분명해.

   산책 나가다: go out for a walk

   They must have _____.

4. 너는 분명히 새로 오신 선생님에 대해 들어봤을 거야.

   You must have _____.

5. 그가 나를 좋아하는지 잘 모르겠어.

   I don't know whether _____.

6. 내가 있어야 되는지 가야 되는지 잘 모르겠네.

   I don't know whether _____.

7. 남자 친구하고 헤어져야 할지 말아야 할지 모르겠어.

   I don't know whether _____.

8. 내가 우리 팀의 주장으로 성공을 한 것인지 잘 모르겠다.

   I don't know whether _____.

1. He must have been tired and hungry.
2. She must have been forced to do it.
3. They must have gone out for a walk.
4. You must have heard about our new teacher.
5. I don't know whether he likes me or not.
6. I don't know whether to stay or go.
7. I don't know whether I should break up with my boyfriend or not.
8. I don't know whether I succeeded as the captain of our team.

패턴을 반복해서 연습하자!

어제 나의 급우에게 내 마음을 고백했다.
나는 나의 편지를 그녀의 책상 위에 놓고 왔다.
나는 그녀가 이미 내 편지를 읽었을 것이라고 생각한다.
나는 그녀 역시 나를 좋아한다고 확신한다.
그래서 난 내 고백이 실패하지 않을 거라는 것을 의심하지 않는다.
왜냐하면 친구들로부터 그녀도 나를 좋아한다는 정보를 들었기 때문이다.
그래서 난 지금 그녀의 대답을 기다리는 중이다.
그러나 사실 그녀가 날 좋아할지 아닐지 잘 모르겠다.

Yesterday, I confessed my mind to my classmate.
I put my letter on her desk after school.
I think she already must have read my love letter.
I am positive that she loves me either.
I have no doubt about that my confession will not be failed.
Because I heard some informations that she likes me from my friends.
So now I am waiting for her reply.
But actually I don't know whether she likes me or not.

 ## 나만의 일기를 써보자!

Day 6, 7, 8, 9의 패턴과 오늘 익힌 패턴을 이용하여 다섯 문장 이상의 일기를 써보자. 다양한 문장을 만들어 패턴에 익숙해지는 것이 중요하다. 그리고 직접 쓴 일기를 큰소리로 읽어보자. 읽을 때 큰소리로 하면 할수록 실력이 쑥쑥 늘어난다.

POINTS
1. 한 패턴당 1point
2. 한 문장당 1point
* 패턴을 이용한 한 문장의 최종 점수는 2점

20____년__월__일

제목 :

자신의 점수를 스스로 계산해보자!
문장 수 :　　　　　　　패턴을 사용한 문장 수 :　　　　　　총점 :

DAY 11

The most important thing is~
가장 중요한 것은 ~이다

What is important is~ 중요한 것은 ~이다

important는 '중요한'이라는 뜻으로 '더 중요한(비교급)', '가장 중요한(최상급)'의 표현으로 정도를 더 강조할 수 있다. 2음절까지의 비교급은 ~er, 최상급은 ~est를 붙여서 만들고, 3음절부터의 비교급은 형용사 앞에 more를, 최상급은 형용사 앞에 the most를 붙여서 표현한다. the most important thing is~는 '가장 중요한 것은~'이라는 뜻으로 뒤에 보어가 될 수 있는 명사나 명사절 혹은 to부정사가 온다. 즉 '중요한 것은 정직해야 한다는 거야'를 말할 때는 The most important thing is to be honest라고 하면 된다.

The most important thing is for us to be united.

 핵심 패턴을 익히자!

1. 가장 중요한 것은 우리가 단결하는 것이다.

단결하다: be united

The most important thing is _____.

2. 가장 중요한 것은 당신이 열정을 쏟을 수 있는 일을 하는 것이다.

~에 열정적인: be passionate about~

The most important thing is _____.

3. 가장 중요한 것은 우리에게 무슨 일이 있었는지 잊지 않는 것이다.

The most important thing is _____.

4. 가장 중요한 것은 누구도 다치거나 부상당하지 않았다는 것이다.

다치거나 부상당하다: be hurt or injured

The most important thing is _____.

5. 중요한 것은 디자인의 품질이다.

What is important is _____.

6. 중요한 것은 당신의 능력을 알고 그것에 정직해야 한다는 것이다.

What is important is _____.

7. 중요한 것은 미래를 위하여 기꺼이 상황을 변화시키는 것이다.

기꺼이 ~을 하다: be willing to~, 상황을 변화시키다: change things

What is important is _____.

8. 중요한 것은 승리를 확실히 하기 위해 우리가 함께 노력할 것이라는 것이다.

What is important is _____.

1. The most important thing is for us to be united.
2. The most important thing is to do what you are passionate about.
3. The most important thing is that we do not forget what happened.
4. The most important thing is that no one was hurt or injured.
5. What is important is the quality of the design.
6. What is important is to know your ability and be honest about it.
7. What is important is to be willing to change things for the future.
8. What is important is that we will work together to ensure victory.

패턴을 반복해서 연습하자!

내가 고등학생 때, 선생님들은 나에게 많은 공식들을 외우도록 강요했다.
그 당시 난 그 공식들을 그냥 외우는 게 내키지 않았다.
가장 중요한 것은 내가 뭘 배우고 있는지 아는 것이라고 생각했다.
난 가장 중요한 것을 알고 있음에도 불구하고 이해와 암기 두 개 모두 하려 하지 않았다.
그래서 난 고등학생 때 공부를 열심히 하지 않았던 것을 후회한다.
그러나 이해가 암기보다 먼저라는 것을 의심하지 않는다.

When I was a high school student, teachers forced me to memorize many formulas.
Then I didn't feel like just memorizing the formulas.
I thought the most important thing is that understanding what I am learning.
Although I knew the most important thing, I didn't try to understand and memorize both.
So now I regret not studying hard when I was a high school student.
But I have no doubt that understanding should be done before memorizing the formulas.

 ## 나만의 일기를 써보자!

지금까지 열 개 이상의 패턴을 익혔다. 이 패턴만 잘 활용해도 영어권에서 의사소통은 어렵지 않게 해결할 수 있다. 이제는 영어 일기에 익숙해졌으니 문장을 늘려 일곱 개 이상의 문장을 만들어 배운 패턴만 이용해 일기를 써보자.

POINTS

1. 한 패턴당 1point
2. 한 문장당 1point
* 패턴을 이용한 한 문장의 최종 점수는 2점

20___년 ___월 ___일

제목 :

자신의 점수를 스스로 계산해보자!
문장 수 :　　　　　　패턴을 사용한 문장 수 :　　　　　　총점 :

WEEK TWO One day one pattern!

DAY 12

I am planning to~ ~을 할 계획이다
My plan is to ~ ~을 하는 것이 나의 계획이다

plan은 '계획, 계획하다'라는 뜻이다. I am planning to+동사원형은 '~할 계획이다'라는 것을 의미하며 I am planning to learn English는 '영어를 배울 계획이다'라는 뜻이 된다. 마찬가지로 My plan is to~는 '~을 하는 것이 나의 계획이다'라는 뜻으로 I'm planning to~와 마찬가지로 동사원형을 넣어서 다양한 계획에 대한 표현으로 활용하여 많은 문장을 만들 수 있다. 계획에 대한 문장을 10개 이상 만들어보자.

My plan is to lose five kilograms by next month.

 핵심 패턴을 익히자!

1. 학교로 돌아갈 계획이야.

   I'm planning to _____.

2. 컴퓨터를 고치고 더 빠르게 만들 계획이다.

   I'm planning to _____.

3. 서울로 이사하고 직업을 구할 계획이다.

   I'm planning to _____.

4. 나는 내가 좋아하는 일을 함으로써 매일 매일을 충실히 살 계획이야.

내가 좋아하는 일을 함으로써: by doing things (that) I enjoy.
매일 매일을 충실히 살다: make the most of every day

I'm planning to _____.

5. 다음달까지 5킬로그램을 빼는 것이 내 계획이다.

My plan is to _____.

6. 그 책을 가능한 한 많은 페이지를 읽는 것이 내 계획이다.

My plan is to _____.

7. 글 이외에도 더 많은 비디오를 사용하는 것이 내 계획이다.

My plan is to _____.

8. 패스트푸드를 줄이고 더 좋은 대안 음식으로 대체하는 것이 내 계획이다.

대안 음식, 대안: alternatives

My plan is to _____.

1. I'm planing to go back to school.
2. I'm planing to fix my computer and make it faster.
3. I'm planing to move to Seoul and find a job.
4. I'm planing to make the most of every day by doing things I enjoy.
5. My plan is to lose five kilograms by next month.
6. My plan is to read as many pages in the book as possible.
7. My plan is to use more video in addition to writing.
8. My plan is to cut the fast food and replace it with better alternatives.

패턴을 반복해서 연습하자!

난 나의 아버지에 대해 이야기할 수 있어 기쁘다.
만약 누군가 내 인생에 누가 가장 영향을 주었느냐고 물어보면 나의 대답은 아버지다.
지금까지도 나의 아버지는 나를 후원해주고 있다.
그리고 나의 아버지는 나에게 사회에서 살아가기 위한 많은 것들을 가르쳐 주신다.
그래서 난 나의 아버지가 훌륭한 분이란 걸 의심치 않는다.
그는 자주 나를 꾸짖는다. 그 당시에 나는 그가 나를 싫어한다고 생각했다.
그러나 시간이 지나면서 나는 그가 날 사랑했기 때문에 나를 꾸짖었다는 것을 알 수 있었다. 그래서 나의 인생에 가장 영향을 미친 사람이 내 아버지라는 것을 확신한다.

I am happy to talk about my father.
If someone asks me who most influences on my life, my answer is my father.
Till now my father has supported me.
And my father teaches me many things which I need to live in society.
So I have no doubt that my father is a great person.
And he usually scolds me. At that time, I thought he doesn't like me.
But the time passes, I can feel that he scolded me because he loves me.
So it is certain that my father is the person who most influences in my life.

나만의 일기를 써보자!

오늘은 나의 일상에 가장 큰 영향을 주는 사람에 대한 일기를 써보자. He 나 She로 시작하는 3인칭 주어가 현재시제일 때는 일반 동사의 경우 원형에 -s, -es를 붙이는 동사의 수 일치에 유의하자. 가능한 일곱 개 이상의 문장에 패턴을 사용할 수 있도록 하자. 100퍼센트 패턴을 활용하는 것이 중요하다.

POINTS
1. 한 패턴당 1point
2. 한 문장당 1point
* 패턴을 이용한 한 문장의 최종 점수는 2점

20____년__월__일

제목 :

자신의 점수를 스스로 계산해보자!
문장 수 :   패턴을 사용한 문장 수 :   총점 :

WEEK TWO One day one pattern! 63

DAY 13

I was about to~ 막 ~하려던 참이었다
I'm considering~ ~을 고려하고 있다

be about to+동사원형은 '막 ~하려고 하다'는 뜻이다. I was about to sleep은 '막 자려던 참이다'라는 뜻이 된다. 또한 consider는 '고려하다, 여기다, 간주하다'라는 뜻으로 I'm considering~이라고 하면 '~를 고려하고 있다'라는 의미다. 예를 들어 '쇼핑할까 해'라고 하려면 I'm considering shopping이라고 하면 된다. 명사 형태나 동명사 형태로 목적어를 만들어 다양한 표현을 만들어보자.

I was about to board an airplane.

 핵심 패턴을 익히자!

1. 나도 같은 질문을 그에게 하려던 참이었다.

   I was about to _____.

2. 특별한 것을 막 목격하려던 참이었다.

   I was about to _____.

3. 비행기에 막 탑승하려던 참이었다.

   I was about to _____.

64 | I am Tom만 알아도 입이 뻥 뚫리는 영어 패턴 35

4. 바보처럼 행동했던 것에 대해 그녀에게 미안하다고 막 말하려던 참이었다.

　　~에 대해 미안하다: sorry for~, 바보처럼 행동하다: act like a fool

　　I was about to _____.

5. 유럽 여행을 고려 중이다.

　　I'm considering _____.

6. 그 과제를 위해 책 두 권을 더 살 것을 고려 중이다.

　　과제: assignment

　　I'm considering _____.

7. 채식주의자가 되는 것을 고려하고 있다.

　　채식주의자: vegetarian

　　I'm considering _____.

8. 여자 친구와 헤어질까 해.

　　I'm considering _____.

1. I was about to ask him the same question.
2. I was about to witness something special.
3. I was about to board an airplane.
4. I was about to tell her that I was sorry for acting like a fool.
5. I'm considering a trip to Europe.
6. I'm considering a buying two more books for the assignment.
7. I'm considering a becoming a vegetarian.
8. I'm considering a breaking up with my girlfriend.

📚 패턴을 반복해서 연습하자!

매일 미션 덕분에 나는 누가 나의 롤 모델인지를 생각하는 중이다.
그래서 난 야구선수 김현수와 닮고 싶다.
지금 그는 한국에서 가장 유명한 야구선수 중 한 명이다.
그러나 그가 프로선수가 되기 전에는 어떤 프로팀에서도 그를 지명하지 않았었다.
그래서 그는 두산베어스에 선수가 아닌 훈련생으로 입단했다.
그러나 지금 김현수 없는 두산베어스는 상상하기 힘들다.
훌륭한 선수가 되기 위해 그는 열심히 노력했음이 틀림없다.
내가 텔레비전에서 그의 삶을 보았을 때 난 나의 게으름에 창피함을 느꼈다.
그래서 김현수처럼 나의 분야에서 최고가 되기 위해 나는 공부를 열심히 할 것이다.

Thanks to this daily mission, I am considering who is my role model.
I want to be similar with Kim hyun-soo who is a baseball player.
Now he is one of the most famous baseball players in South Korea.
But before he became a pro baseball player, any pro baseball team didn't pick him. So he joined to Doosan Bears as a trainee not a player.
But now we can't imagine Doosan bears without him.
To become a good player, he must have trained very hard.
When I saw his life on TV, I was embarrassed by my laziness.
So to become best in my part, like him, I am planning to study hard.

📚 나만의 일기를 써보자!

오늘 일기는 자신의 롤 모델을 누구든 한 명을 선정하여 Day 6~12, 그리고 오늘까지 배운 여덟 개의 패턴을 이용해 써보자. 3인칭 주어로 시작할 때 동사의 수 일치와 시제에 따른 동사의 변화에 유의하자. 특히 과거시제가 아니라면 동사원형에 –s나 –es 붙이는 것을 잊지 말 것!

POINTS

1. 한 패턴당 1point
2. 한 문장당 1point
* 패턴을 이용한 한 문장의 최종 점수는 2점

20___년 ___월 ___일

제목 :

자신의 점수를 스스로 계산해보자!
문장 수 :　　　　　　패턴을 사용한 문장 수 :　　　　　　총점 :

WEEK TWO One day one pattern!

DAY 14

I am scheduled to~ ~할 예정이다
The first thing in the morning
아침에 일어나자마자

be scheduled to+동사원형은 '~할 예정이다'라는 뜻이고, The first thing in the morning은 '아침에 일어나자마자'를 뜻한다. 패턴을 이용해 '아침에 일어나자마자 물을 마셔야 한다'를 만들면 The first thing in the morning is you should drink water가 된다.

The first thing in the morning for me is a cup of coffee.

 핵심 패턴을 익히자!

1. 곧 동업자를 만날 예정이다.

   I am scheduled to _____.

2. 그가 이번 주말에 서울에 도착할 예정이다.

   He is scheduled to _____.

3. 위원회에서 다음 회기에서 그 문제를 논의할 예정이다.

   회기: session

   The board members are scheduled to _____.

4. 다음 주 금요일에 내 아이패드가 배달될 예정이다.

My ipad is scheduled to _____.

5. 아침에 일어나자마자 나는 스마트폰으로 이메일을 체크한다.

_____ the first thing in the morning.

6. 내가 일어나자마자 하는 것은 커피 한 잔이다.

The first thing in the morning _____.

7. 아침에 일어나자마자 체지방과 체중을 체크하셔야 합니다.

체지방: body fat

_____ the first thing in the morning.

8. 내가 밤새 심사숙고하여 내일 일어나자마자 답변을 드리리다.

밤새 심사숙고하다: sleep on~

_____ the first thing in the morning.

1. I am scheduled to meet my business partner soon.
2. He scheduled to arrive in Seoul this weekend.
3. The board members are scheduled to discuss the problem in the next session.
4. My ipad is scheduled to be delivered next friday.
5. I check my email on my smart phone the first thing in the morning.
6. The first thing in the morning for me is a cup of coffee.
7. You should check your body fat and weight the first thing in the morning.
8. I will sleep on it and let you know my answer the first thing in the morning.

패턴을 반복해서 연습하자!

자신의 목표를 달성하는 것만큼 어려운 것은 없다고 생각한다.
내가 대학에서 공부할 때 나는 매일 3시간씩 공부할 것을 계획했었다.
그러나 난 나의 사소한 목표조차 수행해내지 못했다.
나의 목표를 실행하지 못함에도 불구하고 난 항상 나의 목표를 설정한다.
그런데 나의 목표는 불분명하다. 사실 난 내가 정말로 뭘 하고 싶은지 잘 모르겠다.
그래서 난 하고 싶은 목표를 정하는 것만큼 어려운 것이 없다고 생각한다.
그리고 목표를 가진 사람들이 행복하다는 것에 의심할 여지가 없다고 생각한다.
내 생각에 가장 중요한 것은 목표를 정하는 것이다.
행복해지기 위해서 나도 목표를 만들 것이다.

I think nothing is harder than achieving my goal.
When I studied in university, I was planning to study for three hours everyday.
But I did not carry out my simple goal.
Although I didn't carry out my goal, I always set my goals.
And my goal is obscure. Actually, I don't know what I really want to do.
So I think nothing is harder than making a goal which I want.
And I have no doubt that the almost of people who have goal would be happy.
So I think the most important thing is making a goal.
So to be happy, I am planning to make a goal.

 나만의 일기를 써보자!

오늘은 편안한 패턴만 이용하여 일기 쓰는 것을 방지하기 위해 같은 패턴을 이용하지 말고 한 패턴을 한 번만 이용하여 나의 미래에 대한 꿈과 목표에 대해 일기를 써보자. 장/단기 목표 외에 지금 진행 중인 부분과 앞으로의 각오나 다짐도 적어보자.

POINTS

1. 한 패턴당 1point
2. 한 문장당 1point
* 패턴을 이용한 한 문장의 최종 점수는 2점

20___년__월__일

제목 :

자신의 점수를 스스로 계산해보자!
문장 수 :			패턴을 사용한 문장 수 :			총점 :

WEEK TWO One day one pattern!

WEEK THREE

Hard work is never wasted!

Day15: I want to~ (~을 하고 싶다)
　　　　I hope to~ (~을 희망한다)
Day16: I wish~ (~했으면)
　　　　I should(shouldn't) have~ (~을 할 걸, ~을 하지 말 걸)
Day17: I've decided~ (~하기로 결정했다)
Day18: I'm determined to~ (~할 작정이다)
Day19: I'm eager to~ (~을 고대한다)
　　　　I'm dying to~ (~을 하고 싶어 죽겠다)
Day20: I'd rather~than… (…보다 차라리 ~을 하겠다)
Day21: I was forced to~ (~을 하도록 강요받았다)

DAY 15

I want to~ ~하고 싶다
I hope to~ ~희망한다

want는 '원하다', hope는 '희망하다'의 의미로 이와 같은 희망 동사는 미래지향적 성격을 갖고 있는 to 부정사와 잘 어울린다. 그래서 I want to sleep(자고 싶다), I hope to study abroad(유학가고 싶다) 등과 같이 원하는 경우의 어떤 동사와 결합해도 된다. 원하는 것, 희망하는 것 열 개의 문장을 만들어 읽어보자.

I want to say no but I always say yes.

 핵심 패턴을 익히자!

1. 장학금 신청하는 방법을 알고 싶다.

   장학금을 신청하다: apply for scholarship

   I want to _____.

2. 나는 나의 신념에 대해 더 개방적이고 정직하고 싶다.

   신념: faith

   I want to _____.

3. 반대하고 싶지만 항상 찬성한다.

I want to _____.

4. 나는 조만간 내 인생에 좋은 일이 생기는 것을 보고 싶다.

I want to _____.

5. 내 사업을 시작할 만큼 충분히 건강하고 부유했으면 한다.

I hope to _____.

6. 내가 그런 사람이 아니라는 것을 당신이 알아줬으면 해.

I hope to _____.

7. 내 아이디어를 그만 사용하기를 바란다.

I hope to _____.

8. 부담 없이 어떤 질문이라도 했으면 해.

I hope to _____.

1. I want to find out how to apply for scholarship.
2. I want to be more open and honest about my faith.
3. I want to say no but I always say yes.
4. I want to see good things happening in my life soon.
5. I hope to be healthy and wealthy enough to start my own business.
6. I hope to you to know that I'm not that type of person.
7. I hope to you to stop using my ideas.
8. I hope to you to feel free to ask me any questions.

패턴을 반복해서 연습하자!

스트레스 받을 때 난 자주 잠을 잔다.
만약 네가 잠을 잔다면 스트레스를 없앨 수 있다는 것을 난 확신한다.
잠을 자는 동안 나쁜 것들에 대해서 생각할 필요가 없기 때문이다.
어떤 사람들은 스트레스를 풀기 위해 쇼핑을 한다.
그러나 이 방법은 그들의 돈을 낭비하는 것이라고 생각한다.
그리고 그들은 아마 자신의 낭비를 후회할 것 같다.
나는 그들의 낭비에 의해 그들이 더 스트레스를 받을까봐 걱정스럽다.

When I am stressful, I used to go to bed to sleep.
I firmly believe that you can remove your stress if you sleep.
While you are sleeping, you don't have to think about bad things.
But some people go shopping to remove their stress.
But I think this way is that they waste their money shopping.
And I think they may regret wasting their money.
So I am worried about that they would get more stressed because of their waste.

 ## 나만의 일기를 써보자!

오늘은 스트레스 해소법을 주제로 여가 시간에는 주로 무엇을 하며, 그 활동을 통해 어떤 감흥이나 효과가 있는지에 대한 일기를 써보자. 그동안 익힌 패턴을 잘 활용하여 일곱 문장 이상을 만들어야 한다. 단, 같은 패턴을 중복하여 사용하지 말 것!

POINTS

1. 한 패턴당 1point
2. 한 문장당 1point
* 패턴을 이용한 한 문장의 최종 점수는 2점

20____년____월____일

제목 :

자신의 점수를 스스로 계산해보자!
문장 수 :   패턴을 사용한 문장 수 :   총점 :

DAY 16

I wish~ ~했으면
I should(shouldn't) have~
~을 할 걸, ~을 하지 말 걸

I wish~는 '~했으면'이라는 의미로 실현 불가능한 일에 쓴다. 즉, I wish you were here with me라고 하면 '네가 나와 여기에 함께 있었으면 좋았을 걸'이라는, 함께 없어서 아쉽다는 정도의 의미를 나타낸다. 또한 should는 '~해야 한다'라는 뜻이지만 should have p.p(과거분사)와 함께 사용하면 '~했어야 했는데'라는 과거에 있었던 일의 후회, 비난, 유감의 뜻이 된다. 즉, I should have reserved beforehand라고 하면 '미리 예약을 했어야 했는데'라는 후회의 뜻이다.

I wish I had known it when I started the program.

 핵심 패턴을 익히자!

1. 글을 더 빨리 읽을 수 있었으면~.

   I wish _____.

2. 그것을 할 용기가 있었으면~.

   I wish _____.

3. 캐나다에 있을 때 이 폭포를 봤어야 하는 건데~.

I wish _____.

4. 그 프로그램을 시작할 때 그것을 알았더라면~.

I wish _____.

5. 당신 말을 들었어야 하는 건데.

I should have _____.

6. 점쟁이와 상의를 했어야 하는 건데.

I should have _____.

7. 그가 내게 한 말을 신뢰하지 말았어야 하는 건데.

I shouldn't have _____.

8. 성형수술에 대해 비판적이지 말았어야 하는 건데.

비판적인: critical, 성형수술: plastic surgery

I shouldn't have _____.

1. I wish I could read faster.
2. I wish I had the courage to do it.
3. I wish I had seen this waterfall while in Canada.
4. I wish I had known it when I started the program.
5. I should have listened to you.
6. I should have consulted with a fortune teller.
7. I shouldn't have trusted what he told me.
8. I shouldn't have been so critical of plastic surgery.

패턴을 반복해서 연습하자!

반년 전 나에게 스트레스를 줬던 사람은 김 박사다.
그는 나의 회계 선생님이었다.
그 이유는 내가 그의 수업을 알아듣지 못했기 때문이다.
그래서 난 항상 그 수업을 실패할까 봐 두려워했다.
이러한 문제를 극복하기 위해 난 공부를 더 열심히 했어야 했다.
다음 학기에는 이러한 나의 잘못을 반복하지 않기 위해 매일 세 시간씩 공부할 것이다.
만약 내가 나의 계획을 완벽하게 수행한다면 난 나의 회계 선생님으로부터 더 이상 스트레스를 받지 않을 것이다.

Just half a year ago, the person who gave me stress was Dr. kim.
He was my accounting teacher.
The reason is that I could not understand his class.
So I always was afraid of failing the class.
To overcome this problem, I should have studied hard than I did before.
Next semester, not to repeat my fault, I am planning to study for three hours everyday.
If I carry out my plan perfectly, I would not be stressful from my accounting teacher any more.

 나만의 일기를 써보자!

그동안 자신에게 가장 많은 스트레스를 준 사람이 누구인지 생각해보자. 그 사람 때문에 어떤 스트레스를 받았는지 묘사하고, 그 사람에 대한 자신의 감정을 솔직하게 표현해보자. 가능하면 일곱 문장 이상으로 만들고, 패턴 사용의 제한은 없다.

POINTS

1. 한 패턴당 1point
2. 한 문장당 1point
* 패턴을 이용한 한 문장의 최종 점수는 2점

20__년 __월 __일

제목 :

자신의 점수를 스스로 계산해보자!
문장 수 :   패턴을 사용한 문장 수 :   총점 :

I've decided~
~하기로 결정했다

decide는 '결정하다'라는 현재를 의미한다. 그러나 have p.p(과거분사)와 만나면 I've decided to+동사원형으로 '~하기로 결정했다'의 현재완료(~해왔다) 형태가 된다. 무언가 하기로 결심했을 때 사용하는 표현으로 많은 상황에 사용할 수 있다.

I've decided to quit drinking coffee.

핵심 패턴을 익히자!

1. 온라인 사업을 시작하기로 결심했다.

   I've decided _____.

2. 커피를 끊기로 결심했다.

   I've decided _____.

3. 트위터에 내 생각을 쓰기로 결심했다.

   I've decided _____.

4. 정직이 최선의 정책이라고 결정했다.

I've decided _____.

5. 내 목표를 달성하기에 아직 너무 늦지는 않았다고 판단했다.

I've decided _____.

6. 최대한 많은 디자이너와 인터뷰를 하기로 결정했다.

I've decided _____.

7. 정부 정책 중 어느 것도 지지하지 않기로 결정했다.

I've decided _____.

8. 절대적으로 필요한 것이 아니라면 어떠한 소프트웨어도 설치하지 않기로 결심했다.

I've decided _____.

1. I'v decided to start an online business.
2. I'v decided to quit drinking coffee.
3. I'v decided to write down my thoughts in tweets.
4. I'v decided that honesty is the best policy.
5. I'v decided that it's not too late to reach my goal.
6. I'v decided that I am going to interview as many designers as possible.
7. I'v decided not to support any of the government policies.
8. I'v decided not to install any software unless it is absolutely necessary.

패턴을 반복해서 연습하자!

내가 가장 좋아하는 계절은 여름이다.
여름에는 수영을 즐길 수 있다.
나는 해변에 가고 싶다.
그런데 내가 이번 여름에 갈 수 있을지 없을지 잘 모르겠다.
난 친구들과 제주도에 갈 계획이다.
거기서 자전거도 타고 맛있는 것들도 많이 먹고 싶다.
그리고 가장 중요한 것은 내가 태양을 즐길 수 있다는 것이다.
난 여름이 좋다.

My favorite season is summer.
In summer, I can enjoy swimming.
I want to go to beach.
But I don't know whether I can go or not in this summer.
I am scheduled to go to Jeju-island with my friends.
In there, I want to ride a bicycle and eat delicious things.
And the most important thing is that I can enjoy the sun.
So, I love summer.

 나만의 일기를 써보자!

오늘의 일기 주제는 계절이다. 가장 좋아하는 계절과 그 계절을 좋아하는 이유에 대해 써보자. 또 그 계절에 즐기는 활동이나 운동은 무엇이 있는지 적어보자. 가능한 여러 가지 패턴을 활용하여 일곱 문장 이상을 만들어보자.

POINTS
1. 한 패턴당 1point
2. 한 문장당 1point
* 패턴을 이용한 한 문장의 최종 점수는 2점

20____년 ____월 ____일

제목 :

자신의 점수를 스스로 계산해보자!
문장 수 :   패턴을 사용한 문장 수 :   총점 :

DAY 18
I'm determined to~
~할 작정이다

determine은 '결정하다, 결심하다'라는 뜻이다. to부정사와 함께 쓰이면 '~할 작정이다'의 뜻으로 be determined to~의 형태가 된다. 즉, I'm determined to raise a lot of money라고 하면 '나는 많은 돈을 모을 작정이다'라는 뜻이 된다. 다음 문장을 연습해보자.

I'm determined to prove him wrong.

 핵심 패턴을 익히자!

1. 나는 최대한 빨리 이 프로젝트를 끝낼 작정이다.

    최대한 빨리: as soon as possible (ASAP)

    I'm determined to _____.

2. 나는 그에게 잘못이 있다는 것을 증명할 작정이다.

    I'm determined to _____.

3. 우리의 문화유산을 존중할 작정이다.

    문화유산: cultural heritage

    I'm determined to _____.

4. 옳은 일을 위해 계속 싸울 작정이다.

옳은 일: what is right

I'm determined to _____.

5. 우리 가족의 기대에 걸맞게 살아갈 작정이다.

~에 걸맞게 살다: live up to~

I'm determined to _____.

6. 그 자선단체를 위해 최대한 많은 돈을 모을 작정이다.

돈을 모으다: raise money, 자선단체: charity

I'm determined to _____.

7. 성적을 올리기 위해 필요한 것은 무엇이든 할 작정이다.

성적을 올리다: improve my grade

I'm determined to _____.

1. I'm determined to finish this project ASAP.
2. I'm determined to prove him wrong.
3. I'm determined to respect our cultural heritage.
4. I'm determined to keep fighting for what is right.
5. I'm determined to live up to the hopes of my family.
6. I'm determined to raise as much money as possible for the charity.
7. I'm determined to do whatever it takes to improve my grade.

패턴을 반복해서 연습하자!

사랑에 빠진 사람들은 긍정적이 되어서 행복하다.
그래서 난 항상 나의 사랑하는 사람을 일찍 찾지 않은 것을 후회한다.
난 나의 사랑하는 사람을 찾을 시간을 게임하고 스포츠를 보는 데 써버렸다.
난 나의 마음을 정직하게 말한 적이 없다. 왜냐하면 그녀가 나의 고백을 거절할까 봐 걱정되었기 때문이다.
지금부터 난 사랑을 하고 싶다.
그리고 가능한 빨리 나의 진정한 사랑을 찾을 것을 결심했다.

People who fall in love are happy to be positive.
So I always regret not finding my lover eagerly.
I spent my time playing games and watching sports instead of finding my lover.
And I never have confessed my mind honestly because I was worried about that she refuses my confession.
From now on I want to fall in love.
And I am determined to find my real lover as soon as possible.

 나만의 일기를 써보자!

이번에는 사랑이라는 소재를 가지고 자신이 바라는 이상형과 하고 싶은 사랑, 아직도 못 잊는 첫사랑, 현재 진행 중인 사랑 등 자신의 사랑 이야기를 자유롭게 써보자. 단, 일곱 문장 이상의 글을 완성할 것!

POINTS
1. 한 패턴당 1point
2. 한 문장당 1point
* 패턴을 이용한 한 문장의 최종 점수는 2점

20___년 ___월 ___일

제목 :

자신의 점수를 스스로 계산해보자!
문장 수 :   패턴을 사용한 문장 수 :   총점 :

DAY 19

I'm eager to~ ~을 고대한다
I'm dying to~ ~을 하고 싶어 죽겠다

be eager to+동사원형은 '~을 고대한다'는 뜻으로 어떤 결과를 기다리거나 좋은 결과가 있기를 기대할 때 사용한다. 예를 들어 '나는 너의 책을 빨리 읽고 싶다'를 표현할 때 I'm eager to read your book이라고 하면 된다. 또한 '~을 하고 싶어 죽겠다'라는 강한 욕구를 표현할 때 I'm dying to+동사원형을 사용한다. 예를 들어 '너 만나고 싶어 죽겠어'라고 말할 때 I'm dying to meet you라고 하면 된다. 이처럼 패턴만 알면 어떤 표현도 가능하다.

I'm eager to see your test results.

 핵심 패턴을 익히자!

1. 당신의 시험 결과를 빨리 보고 싶다.

   I'm eager to _____.

2. 그들의 새로운 프로젝트에 대한 소식을 빨리 듣고 싶다.

   I'm eager to _____.

3. 스티브 잡스의 전기를 빨리 읽고 싶다.

   I'm eager to _____.

4. 이 전략이 효과가 있을지 없을지 빨리 보고 싶다.

효과가 있다, 이득이 되다: pay off

I'm eager to _____.

5. 나의 경험을 빨리 나의 친구들과 공유하고 싶다.

I'm dying to _____.

6. 그것의 결말을 빨리 알아내고 싶다.

그것의 결말: how it ends

I'm dying to _____.

7. 그 소식에 대한 그녀의 반응을 빨리 보고 싶다.

I'm dying to _____.

8. 나의 생명을 구한 사람을 빨리 만나보고 싶다.

I'm dying to _____

1. I'm eager to see your test results.
2. I'm eager to hear about their new projects.
3. I'm eager to read Steve Jobs biography.
4. I'm eager to see if this strategy will pay off.
5. I'm dying to share my experience with my friends.
6. I'm dying to find out how it ends.
7. I'm dying to see her reaction to the news.
8. I'm dying to meet the person who saved my life.

패턴을 반복해서 연습하자!

오늘 난 영어 선생님과 영어 공부를 하고 있다.
선생님과 함께여서 기쁘다.
난 몇 개의 영어 문장을 만들고 있다.
난 이 작업이 나의 영작 실력을 향상시킬 거라고 확신한다.
그리고 난 공부를 더 열심히 했어야 한다고 생각한다.
지금부터 더 멋진 문장을 만들기 위해 공부를 더 열심히 할 것이다.
이 일이 끝나면 친구들을 만나고 싶다.

Today, I'm studying English with my English teacher.
I am happy to be with her.
I am making some English sentences.
So I firmly believe that this work will improve my English composition skills.
And I think I should have studied hard before.
I decide to study hard to make better sentences from now.
And after finishing this work, I eager to meet my friends.

 나만의 일기를 써보자!

당신의 오늘 하루는 어땠나? 하루 동안 어떤 일이 있었는지 생각하면서 오늘의 일기를 써보자. 일곱 문장 이상의 글을 만들고, 같은 패턴을 이용하지 않는 것이 오늘의 미션이다.

POINTS
1. 한 패턴당 1point
2. 한 문장당 1point
* 패턴을 이용한 한 문장의 최종 점수는 2점

20___년__월__일

제목 :

자신의 점수를 스스로 계산해보자!
문장 수 :　　　　　　패턴을 사용한 문장 수 :　　　　　총점 :

DAY 20 I'd rather~ than…
…보다 차라리 ~을 하겠다

rather는 '오히려, 차라리'라는 뜻이며, than은 '~보다'라는 뜻이다. 이 두 개를 합쳐 rather A than B로 사용하면 'B하느니 차라리 A하겠다'는 선택의 의미를 나타내는 문장이 된다. 즉, '다음 버스를 기다리느니 차라리 걸어가겠다'를 표현할 때 I'd rather walk than wait for the next bus라고 하면 된다. 상황만 바꿔서 평상시 나의 성향에 맞는 선택의 문장을 만들어보자.

I'd rather eat some fruit for a snack.

 핵심 패턴을 익히자!

1. 간식으로 약간의 과일을 먹겠다.

I'd rather _____.

2. 차라리 같은 사양의 좀 더 저렴한 모델을 사겠다.

같은 사양: the same specs

I'd rather _____.

3. 오늘 저녁에는 외출을 안 하겠다.

I'd rather _____.

4. 그것에 대해서는 차라리 말을 안 하겠다.

   I'd rather _____.

5. 꼭 해야 하는 것이 아니라면 차라리 하지 않겠다.

   I'd rather _____.

6. 당신이 싫다고 말하느니 차라리 내 감정을 감추는 게 낫겠다.

   I'd rather _____ than _____.

7. 거짓말로 보호를 받느니 차라리 상처를 받더라도 진실을 말하는 편이 낫다.

   I'd rather _____ than _____.

8. 그들에게 보급품을 주는 것보다는 사람들이 기술을 배우는 것을 도와주는 편이 낫다.

   I'd rather _____ than _____.

1. I'd rather eat some fruit for a snack.
2. I'd rather buy a cheaper model with the same specs.
3. I'd rather not go out this evening.
4. I'd rather not talk about it.
5. I'd rather not do it unless I absolutely have to.
6. I'd rather hide my feelings than say I hate you.
7. I'd rather be hurt by the truth than protected by a lie.
8. I'd rather help people learn skills than give them supplies.

WEEK THREE Hard work is never wasted!

패턴을 반복해서 연습하자!

사람들은 죽기 전까지 후회한다고 생각한다.
난 아직도 고등학교 때 공부하지 않은 것을 후회한다.
공부를 열심히 하지 않았기 때문에 대학 시험에서 좋은 성적을 얻지 못했다.
난 게임을 하는 데 시간을 허비했다.
난 게임을 하는 대신에 공부를 열심히 했어야만 했다.
나는 다른 지역의 대학에 가고 싶지 않았다.
난 서울을 떠나기 싫었다.
그러나 내가 가기 싫다고 말해봐야 소용 없었다.
그래서 대학 시험에 통과했지만 난 기쁘지 않았다.

I think people regret until before they die.
I still regret not studying when I was a high school student.
Because I didn't study hard, I couldn't get good grades for entering university.
I wasted my time playing game.
I should have studied hard instead of playing games.
I didn't feel like going to another place.
I didn't want to leave Seoul.
But it was no use talking that I don't want to go.
Although I passed the test, I was not happy.

 나만의 일기를 써보자!

당신은 살면서 얼마나 많은 후회를 하는지 생각해본 적이 있는가? 오늘은 '후회'라는 주제로 일기를 써보자. 자신이 후회하게 된 이유나 후회와 관련된 에피소드를 다양한 패턴을 자유롭게 활용하면서 일곱 문장 이상이 되도록 연습해보자.

POINTS

1. 한 패턴당 1point
2. 한 문장당 1point
* 패턴을 이용한 한 문장의 최종 점수는 2점

20___년 ___월 ___일

제목 :

자신의 점수를 스스로 계산해보자!
문장 수 :   패턴을 사용한 문장 수 :   총점 :

I was forced to~
~을 하도록 강요받았다

force는 '강요하다'는 뜻으로, be forced to~로 사용하면 '~을 하도록 강요받다'는 의미가 된다. 예를 들어 '자리를 양보하도록 강요받았다'는 문장을 완성하려면 I was forced to give up my seat라고 하면 된다. 여기서 give up은 '포기하다'는 뜻이다. to 다음에는 동사원형을 사용한다. 동사만 바꿔 많은 강요의 상황을 열 개만 만들어 연습해보자.

 핵심 패턴을 익히자!

1. 자리를 양보하도록 강요받았다.

   I was forced to _____.

2. 그것의 새로운 용도를 생각해내도록 강요받았다.

   그것의 새로운 용도: a new use for it

   I was forced to _____.

3. 내가 잘못했다고 인정하도록 강요받았다.

   I was forced to _____.

4. 나의 여행 계획을 연기하도록 강요받았다.

I was forced to _____.

5. 1965년 공군에서 퇴직하도록 강요받았다.

~에서 퇴직하다: retire from~

I was forced to _____.

6. 내게 문제가 있다는 것은 인정하도록 강요받았다.

I was forced to _____.

7. 나는 잔고를 확인하기 위해 Amex의 웹사이트에 접속할 수밖에 없었다.

~에 접속하다: log in to~

I was forced to _____.

8. 나의 회사에 관하여 몇 가지 어려운 결정을 할 수밖에 없었다.

~에 관하여: regarding~, 어려운 결정: tough decisions

I was forced to _____.

1. I was forced to give up my seat.
2. I was forced to think of a new use for it.
3. I was forced to admit that I was wrong.
4. I was forced to postpone my travel plans.
5. I was forced to retire from the Air Force in 1965.
6. I was forced to acknowledge that I had a problem.
7. I was forced to log in to Amex's website to check my account balance.
8. I was forced to make some tough decisions regarding my company.

패턴을 반복해서 연습하자!

이번 학기에 난 나의 전공 과목에서 좋은 점수를 얻었다.
사실 지난 학기에 이 과목을 실패했었다.
그래서 나의 부모님에 의해 난 공부를 열심히 할 것을 강요받았다.
좋은 점수를 얻기 위해 난 나의 시간을 게임에 낭비하지 않았다.
내가 마지막 시험을 끝냈을 때 난 내가 좋은 점수를 받을 것을 알고 있었다.
그래서 가능한 빨리 인터넷에서 나의 점수를 보고 싶었다.
그리고 나의 부모님께 칭찬을 받아 기뻤다.

This semester, I got good grades on my major classes.
Actually I failed my class last semester.
So I was forced to study hard by my parents.
To get good grades, I didn't waste my time playing games.
When I finished my final test, I knew I would get good grades.
So I was eager to see my grade on the internet as soon as possible.
And I was happy to get praise from my parents.

나만의 일기를 써보자!

오늘의 주제는 자랑이다. 자신의 자랑이나 가족 중 한 명, 친구, 선생님 자랑이 되어도 좋다. 무엇이든 자랑스러운 것이 있다면 자랑을 해보자. 다만 대상이 사람이든 사물이든 한 명이나 한 가지에 관한 것이어야 한다. 이번에는 반복된 패턴을 사용해도 좋다.

POINTS

1. 한 패턴당 1point
2. 한 문장당 1point
* 패턴을 이용한 한 문장의 최종 점수는 2점

20____년____월____일

제목 : --

자신의 점수를 스스로 계산해보자!
문장 수 :　　　　　패턴을 사용한 문장 수 :　　　　　총점 :

WEEK THREE Hard work is never wasted!

WEEK FOUR

I can speak English very well!

- **Day22:** I'm satisfied with~ (~에 만족하다)
  I'm glad~ (~해서 다행이다)
- **Day23:** I'm disappointed~ (~에 실망했다)
  It's disappointing~ (~은 실망스럽다)
- **Day24:** I'm thankful (grateful)~ (~에 감사하다)
- **Day25:** I owe~ (~에게 빚지다)
  I'm proud~ (~이 자랑스럽다)
- **Day26:** 사역동사(have, make, let, help) + 목적어 + 목적보어
  (누가 ~하도록 시키다, 허락하다, 도와주다)
- **Day27:** If I were there, I would~ (지금 거기에 있다면 ~할 텐데)
  If I could~, I would~ (~을 할 수 있다면 ~할 텐데)
- **Day28:** If I had enough~, I would~ (~충분했으면 ~했을 텐데)
  If it had not been for~ (~했었더라면 ~ 했었을 텐데)

DAY 22

I'm satisfied with~ ~에 만족하다
I'm glad~ ~해서 다행이다

satisfy는 '만족시키다'는 뜻으로 '~에 만족하다'는 의미로 사용하기 위해서는 과거분사(p.p) 형태로 바꿔 be satisfied with~로 사용해야 한다. 왜냐하면 과거분사형 형용사가 사람과 잘 어울리기 때문이다. 즉 '나는 그것에 만족한다'라고 표현할 때는 I'm satisfied with it이라고 해야 한다. 비슷한 표현으로 '~해서 다행이다'의 I'm glad~가 있다.

I am satisfied with the picture quality of the LCD monitor.

 핵심 패턴을 익히자!

1. 이 업그레이드된 제품에 만족한다.

   I am satisfied with _____.

2. LCD 모니터의 화질에 만족한다.

   화질: picture quality

   I am satisfied with _____.

3. 그날 밤 우리 팀의 전반적인 성과에 만족한다.

전반적인 성과: overall performance

I am satisfied with _____.

4. 우리가 지금까지 성취한 것에 만족한다.

성취한 것: what we have accomplished

I am satisfied with _____.

5. 또 한 번의 기회를 얻어 다행이다.

I am glad _____.

6. 우리가 이 대화를 한 것이 다행이다.

I am glad _____.

7. 그녀와 좋은 관계를 맺고 있는 것이 다행이다.

I am glad _____.

8. 더 이상 그 회사에서 일하지 않는 것이 다행이다.

I am glad _____.

1. I am satisfied with this upgraded product.
2. I am satisfied with the picture quality of the LCD monitor.
3. I am satisfied with my team's overall performance that night.
4. I am satisfied with what we have accomplished so far.
5. I am glad I have another opportunity.
6. I am glad we had this conversation.
7. I am glad I have a good relationship with her.
8. I am glad I don't work for the company anymore.

패턴을 반복해서 연습하자!

요즘, 날씨는 정말로 덥다.
일주일 전에는 항상 비가 내렸다.
그러나 난 이런 날씨가 만족스럽다.
더운 날이 비오는 날보다 좋다.
그러나 땀을 흘리는 기분은 별로다.
이러한 더운 날로부터 벗어나기 위해 난 해변에 가고 싶어 죽을 지경이다.
그러나 이번 달에 난 해변에 갈 수 있을지 없을지 잘 모르겠다.
난 저번 달에 해변에 갔어야만 했다.
그래서 저번 달에 해변에 가지 않은 것을 후회한다.

These days, the weather is really hot.
A week ago, it was always raining.
But I am satisfied with this weather.
I think a hot day is better than rainy day.
But I was not happy to sweat.
To escape from this hot day, I am dying to go to beach.
But I don't know whether I can go to beach or not in this month.
I should have gone to beach last month.
So I regret not going to beach last month.

 나만의 일기를 써보자!

최근의 날씨를 주제로 일기를 써보자. 그리고 자신이 좋아하는 날씨, 너무 덥거나 추워서 일어났던 일 등 날씨에 얽힌 에피소드로 일기를 꾸며보자.

POINTS

1. 한 패턴당 1point
2. 한 문장당 1point

* 패턴을 이용한 한 문장의 최종 점수는 2점

20___년 __월 __일

제목 :

자신의 점수를 스스로 계산해보자!
문장 수 :   패턴을 사용한 문장 수 :   총점 :

DAY 23

I'm disappointed~ ~에 실망했다
It's disappointing~ ~은 실망스럽다

앞에서 설명했듯이 과거분사형 형용사는 사람과 잘 어울린다. 반면에 사물과 잘 어울리는 것은 현재분사형 형용사이다. disappoint는 '실망시키다'라는 뜻으로 I'm disappointed~(과거분사형)는 '나는 ~에 실망했다'는 뜻이고, It's disappoining~(현재분사형)은 '~은 실망스럽다'는 의미다. 두 가지를 구별하면서 다양한 문장을 만들어 연습해보자.

It's disappointing to lose two games and draw one.

 핵심 패턴을 익히자!

1. 충분히 잘 준비하지 못한 것에 대해 나 자신에게 실망했다.

I'm disappointed in _____.

2. 몇몇 교사들의 행동 방식에 실망했다.

~의 행동방식: the way ~ acted

I'm disappointed in _____.

3. 동창회에서 옛날 친구들을 몇 명밖에 못 봐서 실망했다.

I'm disappointed to _____.

4. 그 문제가 빨리 해결되지 못해서 실망했다.

해결되다: be resolved

I'm disappointed that _____.

5. 두 경기를 지고 한 경기에 무승부를 한 것은 실망스럽다.

무승부: a draw

It's disappointing to _____.

6. 그들이 많은 수의 직원들을 정리해고 해야만 했다는 것은 매우 실망스럽다.

정리해고 시키다: lay off

It's disappointing that _____.

7. 그들이 우리 역사에 대해 더 잘 이해하지 못하는 것은 매우 실망스럽다.

It's disappointing that _____.

8. 나의 많은 노력과 좋은 의도가 어떤 변화도 만들지 못했다는 것은 실망스럽다.

좋은 의도: good intentions

It's disappointing that _____.

1. I'm disappointed in myself for not preparing well enough.
2. I'm disappointed in the way some of the teachers acted.
3. I'm disappointed to only a few old friends at the reunion.
4. I'm disappointed that the issue couldn't be resolved soon.
5. It's disappointing to lose two games and draw one.
6. It's disappointing that they had to lay off a large number of employees.
7. It's disappointing that they don't have a better understanding of our history.
8. It's disappointing that so much of my effort and good intentions failed to make any difference.

패턴을 반복해서 연습하자!

이번 기말 고사를 마친 후 난 작년에 사둔 책을 읽을 것이다.
그리고 난 가족들과 제주도에 갈 것이다.
그러나 시험이 아직 끝나지 않았다.
지금 난 나의 선생님들과 부모님에 의해 공부할 것을 강요당하고 있다.
나의 즐거운 휴일을 위해 난 세 시간째 공부 중이다.
빨리 시험이 끝났으면 좋겠다.

After finishing the final test, I am determined to read books which I bought last year.
And I will go to Jeju-island with my family.
But the test is not end yet.
So I am forced to study by my teachers and parents.
For my happy holidays, now I have studied for three hours.
So I am eager to finish my final test.

 ## 나만의 일기를 써보자!

오늘은 기말 고사와 같은 시험 이후 맞이하게 될 Holiday(휴가, 휴일)에 대한 계획을 일기로 써보자. 이미 잡힌 계획이나 앞으로 희망하는 계획에 대해 써보면서 그 계획이 멋지게 실행되는 것을 상상해보자.

POINTS

1. 한 패턴당 1point
2. 한 문장당 1point
* 패턴을 이용한 한 문장의 최종 점수는 2점

20___년___월___일

제목 :

자신의 점수를 스스로 계산해보자!
문장 수 :　　　　　　패턴을 사용한 문장 수 :　　　　　　총점 :

WEEK FOUR I can speak English very well!

DAY 24 I'm thankful (grateful)~

~에 감사하다

'고맙다'는 말에는 'Thank you'가 있다. 이보다 구체적으로 감사하는 말을 표현할 때는 thankful(감사하는)을 이용해서 I'm thankful to+동사원형(~해서 감사하다) 또는 I'm thankful that절(that절에 대해 고맙다)을 사용하면 된다. 구체적인 내용을 이 패턴에 넣어서 문장을 만들고 실제로 고마운 대상에게 말해보자. 나는 엄마에게 이런 말을 하고 싶다. "I'm thankful that my mom cooked delicious side dishes for me."(맛있는 반찬을 해주셔서 감사하다)라고.

I am thankful that my boss decided not to fire me.

 핵심 패턴을 익히자!

1. 트위터를 발명한 사람에게 고맙다.

I am thankful to _____.

2. 이렇게 어려운 경제적 시기에 직업이 있다는 것에 감사한다.

I am thankful to _____.

3. 당신이 우리에게 해준 모든 것에 감사한다.

I am thankful for _____.

4. 그들이 우리에게 보여줬던 관대함과 동정심에 감사한다.

관대함: generosity,   동정심: compassion

I am thankful for _____.

5. 내가 여전히 가르칠 수 있다는 것에 감사한다.

I am thankful that _____.

6. 환경에 관심이 있는 사람이 있다는 것에 감사한다.

~에 관심이 있다: care about ~

I am thankful that _____.

7. 우리 사장님이 날 해고하지 않기로 결정한 것에 감사한다.

I am thankful that _____.

1. I'm thankful to the person who invented tweeter.
2. I'm thankful to have a job in this tough economic times.
3. I'm thankful for everything you've done for us.
4. I'm thankful for the generosity and compassion that they have shown.
5. I'm thankful that I am still capable of teaching.
6. I'm thankful that there are people who care about the environment.
7. I'm thankful that my boss decided not to fire me.

📚 패턴을 반복해서 연습하자!

요즘 세계경제는 침체되어 있다.
마찬가지로 한국경제 역시 침체 기간이다.
이 침체를 극복하기 위해 사람들은 그들의 돈을 낭비하면 안 된다.
많은 사람들이 직장을 구하는 데 어려움을 겪고 있다.
그래서 다른 사람들처럼 나도 직장을 구하지 못할까 봐 걱정된다.
그래서 난 다른 사람보다 우월해지기 위해 나 자신을 개발할 것을 강요받고 있다.

Nowadays, the world economy is depressed.
Likewise, Korea's economy also is depressed.
To overcome depression, people must not waste their money.
Many people have difficulty getting jobs.
So I am worried about that I can not get a job like other people.
So I am forced to develop myself to be superior to others.

📚 나만의 일기를 써보자!

오늘은 그동안 익힌 패턴을 이용해 경제 일기를 써보자. 그동안 자신의 소비와 저축 성향은 어땠는지를 포함해 경제에 대한 자신의 생각도 표현해보자. 이번에는 열 문장 이상의 일기를 다양한 패턴을 활용해 만들어보자.

POINTS

1. 한 패턴당 1point
2. 한 문장당 1point
* 패턴을 이용한 한 문장의 최종 점수는 2점

20____년 ____월 ____일

제목 :

자신의 점수를 스스로 계산해보자!
문장 수 :　　　　　　　패턴을 사용한 문장 수 :　　　　　　　총점 :

WEEK FOUR I can speak English very well!

DAY 25

I owe~ ~에게 빚지다
I'm proud~ ~이 자랑스럽다

Carry & Ron이 부른 I.O.U는 I owe you의 줄임말로 '난 너에게 빚지고 있다'는 뜻이며, owe~는 '~에게 빚지다'를 의미한다. proud는 '자랑스러워하는, 자랑스러운'의 의미로 I'm proud of you는 '난 네가 자랑스럽다'는 뜻이다. 부모가 자녀에게, 자녀가 부모에게, 아내가 남편에게, 남편이 아내에게, 친구가 친구에게 이런 말을 하는 상황을 만들어 연습해보자.

I owe everything I achieved here to Mike.

핵심 패턴을 익히자!

1. 당신에게 사과를 빚졌다(사과할 일이 있다).

   I owe _____.

2. 그에게 큰 신세를 졌다.

   신세 → 호의: a favor

   I owe _____.

3. 내가 여기에서 성취한 모든 것은 Mike의 덕이다.

   I owe _____.

4. 이 모든 것은 목표를 성취하려는 나의 결단력 덕분이다.

결단력: determination, 목표: the goals

I owe _____.

5. 이 장애를 극복하려고 노력한 나 자신이 자랑스럽다.

장애를 극복하다: overcome obstacles

I'm proud of _____.

6. 너의 행동에 스스로 책임지는 것이 자랑스럽다.

I'm proud of _____.

7. 이 조직의 일원이라는 것이 자랑스럽다.

I'm proud to _____.

8. 우리 아들이 리더 역할을 하고 있다는 것이 자랑스럽다.

~역할을 하다: take a ~role

I'm proud that _____.

1. I owe you an apology.
2. I owe him a big favor.
3. I owe everything I achieved here to Mike.
4. I owe it all to my determination to achieve the goals.
5. I'm proud of myself for trying to overcome this obstacles.
6. I'm proud of you for being responsible for your action.
7. I'm proud to be a member of this organization.
8. I'm proud that my son is taking the leadership role.

패턴을 반복해서 연습하자!

솔직히 말해서 요즘 난 중요한 시험이 없다. 그러나 4년 전에는 나도 중요한 시험이 있었다. 그것은 수능인데 수능은 대학교를 입학하기 위한 시험이다. 대부분의 사람들은 좋은 직장을 얻기 위해서 대학에 가야 하고 그곳에서 많은 정보들을 배워야 한다고 생각한다. 난 회사들이 대부분 좋은 대학교 학생부터 채용한다는 것이 마음에 내키지 않는다. 그러나 일반적으로 회사들은 그렇게 한다.
그래서 많은 돈을 벌기 위해 그리고 좋은 직장을 얻기 위해 무엇보다도 우린 좋은 대학에 가야 한다고 생각했다. 그래서 난 그 당시 이 시험이 나의 인생에 있어 가장 중요한 것들 중에 하나라는 것을 의심치 않았다. 그래서 난 이 시험을 위해 열심히 공부할 것을 강요받았다. 그러나 난 이 시험을 실패했고 난 나의 점수에 굉장히 실망했다.

Frankly speaking, nowadays, I don't have any important test. But I had it around 4 years ago. That was Sunung which is the test to entrance Korean university. Most people think that they should go to university and learn a lot of informations to get jobs. I don't feel like that companies hire most of people from good college students. But generally companies do.
So to earn lots of money and to get a great job, first of all we thought we have to go to a good college. Then I had no doubt about that this test was one of the most important tests in my life. So I was forced to study hard for the test. But I failed the test, I was really disappointed to my grade.

 나만의 일기를 써보자!

오늘은 '시험'이라는 주제를 가지고 자신에게 가장 중요한 시험이 있다면 어떤 시험이고, 그 시험을 왜 보는지, 그 시험을 위해 어떤 준비를 하는지에 대한 자신의 생각을 써보자. 단, 열 문장 이상으로 구성해야 한다.

POINTS
1. 한 패턴당 1point
2. 한 문장당 1point
* 패턴을 이용한 한 문장의 최종 점수는 2점

20____년___월___일

제목 :

자신의 점수를 스스로 계산해보자!
문장 수 :   패턴을 사용한 문장 수 :   총점 :

WEEK FOUR *I can speak English very well!*

DAY 26

사역동사(have, make, let, help) + 목적어 + 목적보어

누가 ~하도록 시키다, 허락하다, 도와주다

[주어+사역동사(have, make, let, help)+목적어+목적보어(원형 혹은 과거분사)]의 형태는 '주어는 목적어가 목적보어를 하도록 시킨다'는 것을 의미한다. 예를 들어 '나는 그가 그 일을 마치도록 시켰다'를 표현할 때 I made him finish the work이라고 사용한다. 이 구조는 아주 많은 경우에 사용할 수 있으니 꼭 외우는 것이 좋다.

I let him solve it by himself.

 핵심 패턴을 익히자!

1. 나는 그에게 월요일까지 그 일을 마치도록 시켰다.

   I made _____.

2. 그는 내가 하루에 8시간 일하게 만들었다.

   He made _____.

3. 그를 시켜서 시계를 고치게 했다.

   I had _____.

4. 지난 여름에 집을 흰색으로 칠하게 했다.

   I had _____.

5. 그에게 스스로 그것을 해결하도록 했다.

   I let _____.

6. 재판 과정에서 그가 감독을 하게 될 것이라는 것을 내게 알려주었다.

   He let _____.

7. 그녀가 일자리를 얻는 것을 도와주었다.

   I helped _____.

8. 각 프로그램의 장점과 단점을 볼 수 있게 그가 도와주었다.

   He helped _____.

1. **I made** him finish the job by Monday.
2. **He made** me work eight hours a day.
3. **I had** him repair my watch.
4. **I had** my house painted white last summer.
5. **I let** him solve it by himself.
6. **He let** me know that he'll be supervising me during the trial.
7. **I helped** her find a job.
8. **He helped** us to see the advantages and disadvantages of each program.

패턴을 반복해서 연습하자!

나의 장점은 선생님 덕분에 다른 학생들보다 영어를 잘한다는 것이다.
나의 선생님은 사람이 살아가기 위해 영어를 알아야만 한다는 것을 의심치 않으신다.
그래서 그녀는 나에게 영어 공부를 시킨다.
사실 아직도 난 영어를 공부하도록 강요받고 있다.
난 영어 공부에 많은 시간을 사용했음에도 불구하고 선생님은 나의 영작 실력에 실망하신다.
나 역시 나의 영어 실력이 만족스럽지 못하다.
그래서 난 나의 영어 실력을 향상시키기 위해 항상 공부할 것이다.

My strength is that I can speak English better than other students thanks to my teacher.
My teacher has no doubt about that people have to know English to live.
So she made me study English.
Actually, still I have been forced to study English.
Although I have spent my time studying English, she is disappointed to my English composition.
I am not satisfied with my English skills as well.
So I will always study English to improve myself.

 나만의 일기를 써보자!

오늘은 자신의 장점에 대해 이야기하고, 그로 인해 칭찬받은 일이 있거나 스스로 만족스러운 일, 좋은 결과로 보상받은 일이 있으면 맘껏 표현해보자. 또 장점을 어떻게 발전시킬지도 생각해보자.

POINTS
1. 한 패턴당 1point
2. 한 문장당 1point
* 패턴을 이용한 한 문장의 최종 점수는 2점

20___년 ___월 ___일

제목 :

자신의 점수를 스스로 계산해보자!
문장 수 :　　　　　　패턴을 사용한 문장 수 :　　　　　　총점 :

WEEK FOUR　I can speak English very well!

DAY 27

If I were there, I would~
지금 거기에 있다면 ~할 텐데

If I could~, I would~ ~을 할 수 있다면 ~할 텐데

가정법 과거 문장은 이해를 먼저 한 후 반드시 암기하는 것이 좋다. 가정법 과거는 현재를 가정하는 문장이다. 과거 표시는 if절에 해주고 주절은 [조동사 과거+동사원형]을 써주면 된다. 예를 들어 '내가 새라면 날 수 있을 텐데'라고 한다면 If I were a bird, I could fly라고 표현한다. 여기서 if절의 주어가 I임에도 불구하고, were를 쓴 것은 가정법 과거에서는 주어가 I, he, she더라도 be동사는 were를 쓰기로 약속했기 때문이다.

If I could quickly borrow ten dollars, I would buy the book.

 핵심 패턴을 익히자!

1. 지금 거기에 있다면 시위에 참여할 텐데.

If I were there, I would _____.

2. 지금 거기에 있다면 울타리 칠하는 것을 도와줄 텐데.

If I were there, I would _____.

3. 지금 거기에 있다면 기꺼이 당신을 도와줄 텐데.

기꺼이 ~하다: be happy to~

If I were there, I would _____.

4. 지금 거기에 있다면 그녀에게 잘 보이려고 무엇이든 할 텐데.

~에게 잘 보이다: impress ~

If I were there, I would _____.

5. 그 여자에게 돌아가서 이야기할 수 있다면 그녀에게 진실을 말할 텐데.

If I could _____ I would _____.

6. 빨리 10달러를 빌릴 수 있다면, 그 책을 살 텐데.

If I could _____ I would _____.

7. 시간을 되돌릴 수 있다면, 일을 다르게 할 텐데.

시간을 되돌리다: turn back time

If I could _____ I would _____.

8. 형편이 된다면, 새집을 지을 텐데.

형편이 되다: afford it

If I could _____ I would _____.

1. If I were there, I would take part in the protest.
2. If I were there, I would help you paint your fence.
3. If I were there, I would be happy to assist you.
4. If I were there, I would do anything to impress her.
5. If I could go back and speak to the woman again, I would tell her the truth.
6. If I could quickly borrow ten dollars, I would buy the book.
7. If I could turn back time, I would do things differently.
8. If I could afford it, I would build a new house.

패턴을 반복해서 연습하자!

난 나의 부모님께 항상 감사한다.
부모님은 내가 태어난 후부터 지금까지 나를 후원해주고 계신다.
사람들은 자신의 자식들을 기르는 것이 의무라고 쉽게 생각한다.
그러나 그 의무를 수행해내지 못하는 사람들이 많다.
부모님의 관심과 사랑 덕분에 나는 바르게 자랄 수 있었다.
그래서 난 그들의 아들이어서 기쁘다.

I'm always thankful to my parents.
My parents have supported me since I was born.
People easily think supporting for their sons is duty.
But there are many people who don't carry out their duty.
Thanks to their concern and love, I could grow to right way.
So I am happy to be their son.

 나만의 일기를 써보자!

항상 곁에 있는 공기에게 감사함과 소중함을 잘 느끼지 못하듯 부모님에 대한 감사와 소중함 또한 잊고 살기 쉽다. 오늘은 '감사'라는 주제로 부모님에 대한 일기를 쓰면서 부모님께 감사한 마음을 가져보자. 어버이 날이라 생각해도 좋다. 열 문장 이상을 만들어보자.

POINTS
1. 한 패턴당 1point
2. 한 문장당 1point
* 패턴을 이용한 한 문장의 최종 점수는 2점

20___년___월___일

제목 :

자신의 점수를 스스로 계산해보자!
문장 수 :　　　　　패턴을 사용한 문장 수 :　　　　　총점 :

DAY 28

If I had enough~, I would~
~충분했으면 ~했을 텐데

If it had not been for~ ~했었더라면 ~했었을 텐데

현재를 가정하는 가정법 과거의 if절은 과거동사(be동사일 때는 were), 주절은 [조동사 과거+동사원형]을 사용한다. 과거를 가정하는 가정법 과거완료는 if절에 과거완료 표시를 하고, 주절은 [조동사 과거+have p.p]를 사용한다. 가정법은 혼동하기 쉬운 문법이므로 무조건 암기하는 것이 좋다. 한 문장만 외워 단어만 바꿔 사용할 수 있는 패턴 영어가 최고!

If I had enough money, I would travel to Newyork.

 핵심 패턴을 익히자!

1. 돈이 충분하다면, 뉴욕으로 여행을 갈 텐데.

   If I had enough _____, I would _____.

2. 돈이 충분하다면, 보모를 고용하는 것을 고려해볼 텐데.

   If I had enough _____, I would _____.

3. 시간과 돈이 충분하다면, 너희들 다 초대해서 볼링 치러 갈 텐데.

   If I had enough _____, I would _____.

4. 돈이 충분하다면, 그 건물을 구입해서 실내를 개조할 텐데.

If I had enough _____, I would _____.

5. 이 스캔들이 없었더라면, 그는 그 계획을 파괴할 또 다른 방법을 찾았을 것이다.

If it had not been for _____, he would _____.

6. 그의 노력이 없었더라면, 이 사례는 처참하게 실패했었을 것이다.

If it had not been for _____, this case would _____.

7. 자원봉사자들의 결단이 없었더라면, 그 캠페인은 성공하지 못했었을 것이다.

If it had not been for _____, the campaign wouldn't _____.

8. 체중감량 프로그램이 없었더라면, 그녀는 그 질병을 감지하지 못했었을 것이다.

If it had not been for _____, she might _____.

---

1. If I had enough money, I would travel to New York.
2. If I had enough money, I would definitely consider hiring a nanny.
3. If I had enough time and money, I would invite you all to go bowling.
4. If I had enough money, I would purchase the building and renovate the interior.
5. If it had not been for this scandal, he would have found another way to destroy the plan.
6. If it had not been for his efforts, this case would have failed miserably.
7. If it had not been for the determination of the volunteers, the campaign wouldn't have succeeded.
8. If it had not been for the weight loss program, she might not have detected the disease.

패턴을 반복해서 연습하자!

나는 나만의 효과적인 수학 학습법에 대해 소개할까 한다.
내가 고등학교 1학년 때는 수학을 공부하기가 싫었다.
수학을 포기할까도 했다.
하지만 선생님의 충고에 따라 오답노트를 만들기로 결심했다.
그 방법은 내 수학 실력을 향상시킬 거라고 확신했다.
이제 나는 내 점수에 만족한다. 선생님께도 감사드린다.
1학년 때부터 오답노트를 만들 걸 하고 후회한다.
어쨌든 나는 내 수학점수가 올라서 기쁘다.

I'd like to introduce my effective way to study mathmatics.
I didn't feel studying mathmatics when I was a first grade in high school.
I was about to give up mathmatics.
According to my teacher's advice, I have decided to make a note of the wrong answers.
I was positive that the way would improve my mathmatics.
Now, I'm satisfied with my score. I'm grateful to my teacher.
I should have made a note of the wrong answers when I was in the first grade.
Anyway I'm happy to improve my mathmatics grade.

 나만의 일기를 써보자!

이번에는 내가 성공했던 공부법, 내가 시도했지만 제대로 실행하지 못한 공부법 등 공부법에 관한 일기를 써보자. 개인적으로 좋은 공부법이 있다면 소개해보자. 앞의 패턴이 가물가물할 수도 있으니 첫 번째부터 열 번째까지, 총 열 개의 패턴을 복습하는 의미로 가능한 골고루 패턴을 활용해보자.

POINTS

1. 한 패턴당 1point
2. 한 문장당 1point
* 패턴을 이용한 한 문장의 최종 점수는 2점

20____년__월__일

제목 :

자신의 점수를 스스로 계산해보자!
문장 수 :   패턴을 사용한 문장 수 :   총점 :

WEEK FOUR I can speak English very well!

WEEK FIVE

Never, Never, Never give up English!

Day29: What if~ (~하면 어쩌지?)
Day30: It seems as if~ (마치 ~인 것처럼 보인다)
Day31: I don't think~ (~라고 생각하지 않는다)
       I'm not quite sure~ (~라고 확신하지 않는다)
Day32: I suspect that~ (~가 아닌가 하고 생각(의심)하다)
       I doubt that~ (~가 아닐까 하고 생각(걱정)하다)
Day33: I wonder why~ (왜 ~을 하는지 의아하다)
       I wonder if~ (~인지 아닌지 궁금하다)
Day34: It is obvious that~ (~은 분명하다)
       It is natural~ (~은 당연하다)
Day35 : (It is) No wonder~ (~은 당연하다)

What if~

~하면 어쩌지?

영어에는 단어와 단어가 만나서 새로운 뜻이 되는 경우가 많이 있다. 그중 하나가 what과 if가 만났을 경우이다. what if~?는 '~하면 어쩌지?'라는 뜻으로 걱정을 나타낸다. '늦으면 어쩌지?'를 표현할 때는 What if I'm late?, '엄마가 화내면 어쩌지?'를 표현할 때는 What if my mom gets angry?라고 하면 된다. 이렇게 걱정을 하는 상황의 문장을 만들어 소리내어 읽어보자.

What if Greece goes bankrupt?

 핵심 패턴을 익히자!

1. 그리스가 파산하면 어쩌지?

   파산하다: go bankrupt

   What if _____?

2. 아이들이 계란이나 베이컨을 싫어하면 어쩌지?

   What if _____?

3. 그녀의 엄마가 화를 내면 어쩌지?

What if _____?

4. 그녀가 날 싫어하면 어쩌지?

What if _____?

5. 그들이 해결책을 찾지 못하면 어쩌지?

What if _____?

6. 당신이 SNS에 대해 믿었던 모든 것이 틀렸다면 어쩌지?

sns: social network service(페이스북, 트위터와 같이 인터넷에서 인맥을 형성하는 서비스)

What if _____?

7. 경제가 조만간 나아지지 않으면 정말 어쩌지?

조만간: anytime soon   나아지다: get better

What if _____?

8. 전문가들이 지구 온난화와 온실효과에 대해 틀렸다면 어쩌지?

What if _____?

1. What if Greece goes bankrupt?
2. What if the children don't like eggs or bacon?
3. What if her mother gets angry?
4. What if she doesn't like me?
5. What if they don't find the solution?
6. What if everything you believed about SNS is wrong?
7. What if the economy never really gets better anytime soon?
8. What if experts are wrong on the global warming and green house effect?

패턴을 반복해서 연습하자!

난 내가 계획을 완수할 인내력과 집중력이 없다는 것을 항상 걱정한다.
두 시간 동안 공부하는 것은 나에게 굉장히 힘든 일이다.
그래서 만약 내가 다른 사람들과 같은 일을 한다면, 이것은 더 많은 시간이 걸리게 될 것이다.
나는 나의 단점을 개선하고 싶다.
세 시간 연속으로 공부해보고 싶다.
여기서 가장 중요한 것은 나의 단점을 아는 것이다.
그래서 난 나의 단점을 개선하기로 결정했다.

I am always worried about that I don't have the powers of endurance and concentration to finish my plan.
It is really hard to study for two hours to me.
So if I do the same work with others, it may be taken more time than others.
I want to improve my weakness.
I want to study for three hours in a row.
At this point, the most important thing is knowing my weakness.
So I have decided to improve my weakness.

 ## 나만의 일기를 써보자!

요즘 가장 큰 고민이나 걱정거리는 무엇인가요? 오늘은 걱정을 주제로 어떻게 걱정을 해결해나갈지, 당장 무엇을 해야 좋은지, 스스로 노력하면 될 일과 노력을 해도 불가능한 일을 구분하면서 일기를 써보자. 가능한 열 개 이상의 문장을 만들어보자.

POINTS

1. 한 패턴당 1point
2. 한 문장당 1point

* 패턴을 이용한 한 문장의 최종 점수는 2점

20___년 ___월 ___일

제목 :

자신의 점수를 스스로 계산해보자!
문장 수 :   패턴을 사용한 문장 수 :   총점 :

WEEK FIVE Never, Never, Never give up English!

DAY 30
It seems as if~
마치 ~인 것처럼 보인다

seem은 '~인 것처럼 보인다'는 뜻으로 as if와 함께 쓰여 '마치 ~인 것처럼 보인다'는 의미가 된다. 원래 as if는 가정, as though는 비교에 중점을 두지만, 지금은 구분 없이 쓰인다. 그러나 as if 쪽을 더 많이 사용한다. as if와 as though의 뒤에는 보통 가정법 과거형, 과거완료형을 쓰지만 최근에는 특히 it seems(looks) 다음에는 직설법 현재형, 현재완료형을 쓰는 경우도 많다.

It seems as if the world is on the brink of collapse.

 핵심 패턴을 익히자!

1. 그것은 마치 어제 쓰인 것처럼 보인다.

It seems as if _____.

2. 가을이 왔고 겨울도 오고 있는 것처럼 보인다.

오고 있다: be on its way

It seems as if _____.

3. 그들 모두 자신이 원하는 것에 대해 혼란스러워하는 것처럼 보인다.

It seems as if _____.

4. 세상이 붕괴 위기에 있는 것처럼 보인다.

붕괴 위기에 있다: be on the brink of collapse

It seems as if _____.

5. 이 증상을 경험한 것이 나 혼자만은 아닌 것처럼 보인다.

It seems as if _____.

6. 그는 애초에 그녀에게 돈을 지불할 계획이 없었던 것처럼 보인다.

애초에: in the first place

It seems as if _____.

7. 대통령이 변화와 보조를 맞추지 못하는 것처럼 보인다.

~과 보조를 맞추다: keep up with the pace of ~

It seems as if _____.

8. 지난 5년 동안 생활이 더 어려워진 것처럼 보인다.

It seems as if _____.

1. It seems as if it was written yesterday.
2. It seems as if fall has arrived and winter is on its way too.
3. It seems as if they are all confused on what they want.
4. It seems as if the world is on the brink of collapse.
5. It seems as if I am not the only one who experienced this symptom.
6. It seems as if he never really planned on paying her in the first place.
7. It seems as if the president can't keep up with the pace of change.
8. It seems as if life has gotten harder in the past five years.

패턴을 반복해서 연습하자!

작년에 나의 친구들이 서울에 왔다.
1년 동안 보지 못한 친구들을 만나서 굉장히 기뻤다.
우린 63빌딩, 서울타워 그리고 경복궁에 갔다.
서울을 친구들과 돌아다닐 수 있어서 좋았다.
그리고 우린 쇼핑을 했다.
우리 여행의 마지막 날에 감기에 걸려서 한강에 가지 못했다.
감기에 걸렸더라도 난 한강에 갔어야만 했다.
그리고 내가 여행할 시간이 더 있었더라면 서울을 더 여행했을 것이다.

Last year, my friends came to Seoul.
I was really happy to meet my friends who had not seen for a year.
We went to 63 building, Seoul Tower and Kyoung-bok palace.
I was happy to look around Seoul with my friends.
And we spent time shopping.
Last day of our trip, I caught a cold so I could not go to Han river.
Although I caught a cold, I should have gone there.
If I had had enough time to travel, I would have traveled more in Seoul.

 나만의 일기를 써보자!

현실을 떠나 자유롭게 여행을 한다면 어떤 여행을 하고 싶을까? 오늘은 평소에 희망하는 여행이나 가장 인상에 남은 여행을 떠올리며 일기를 써보자. 여행 후 사진을 뒤져보고 회상하는 것도 좋다. 스무 문장 정도의 가능한 많은 문장을 만들어보자.

POINTS
1. 한 패턴당 1point
2. 한 문장당 1point
* 패턴을 이용한 한 문장의 최종 점수는 2점

20____년____월____일 ✏️

제목 :

자신의 점수를 스스로 계산해보자!
문장 수 :   패턴을 사용한 문장 수 :   총점 :

DAY 31

I don't think~ ~라고 생각하지 않는다
I'm not quite sure~ ~라고 확신하지 않는다

> quite는 '꽤'라는 정도의 의미로 sure 앞에 쓰여 sure(확신하는)의 의미를 강조한다. 즉, I'm not sure~라고 하면 '나는 ~라고 확신하지 않는다'의 의미이고, I'm not quite sure~라고 하면 확신하지 않는다는 것을 더욱 강조하는 의미가 된다. 많이 쓰이는 표현이니 여러 문장을 만들어 소리내어 읽어보자.

I don't think he will finish in the top 5.

 핵심 패턴을 익히자!

1. 당신은 그 단어가 무슨 뜻인지 모르는 것 같다.

   I don't think _____.

2. 그 사람이 5위 안에 들 것 같지 않다.

   I don't think _____.

3. 당신이 그 일을 맞을 준비가 안 된 것 같다.

   I don't think _____.

4. 이 기사가 큰 영향을 미칠 것 같지는 않다.

I don't think _____.

5. 이 상황에서 무엇을 해야 할지 확신이 없다.

I'm not quite sure _____.

6. 내가 그의 제안을 받아들일 준비가 되어 있는지 확신이 없다.

I'm not quite sure _____.

7. 내가 무엇을 해야 하는지 확신이 없다.

I'm not quite sure _____.

8. 여행을 가기 위해 돈을 어떻게 얻어야 하는지 확신이 없다.

I'm not quite sure _____.

1. I don't think you know what the word means.
2. I don't think he will finish in the top 5.
3. I don't think you're ready for the job.
4. I don't think this article will have much effect.
5. I'm not quite sure what to do in this situation.
6. I'm not quite sure if I'm ready to take his offer.
7. I'm not quite sure what I'm supposed to do.
8. I'm not quite sure how to get money to go on my trip.

패턴을 반복해서 연습하자!

나의 첫 번째 데이트는 고등학교 2학년 때였다.
그녀는 나와 같은 학교에 다니던 친구였다.
우리는 문자를 주고받다가 친해지기 시작했다.
나는 그녀를 알게 된 것이 기뻤다. 우리는 영화를 보러 갔다.
함께 맛있는 것들을 사먹기도 했다. 우리는 또한 시험 기간에는 함께 공부도 했다.
그러나 나는 그녀와의 데이트 때문에 대학에 떨어질까 봐 걱정이 되었다.
그래서 나는 지난 겨울에 여자 친구와 헤어졌다.
작년에는 어떤 누구와도 데이트를 하지 않았다. 나는 올해 사랑에 빠져볼 작정이다.

My first date was in the second grade of high school.
She went to the same school as me.
After many text messages we started dating.
I was happy to know her. We went to the movies.
We had delicious things together. We also studied together in the middle of the term.
But I was afraid of failing the college-going because of my dating.
So, I broke up with my girl friend last winter.
I haven't been dating anyone for last year. I'm determined to fall in love this year.

 나만의 일기를 써보자!

요즘 근황에 관한 일기를 써보자. 근래에 들어 가장 이슈가 될 만한 사건이 있다면 그 이야기에 대해 쓰고, 그 사건에 관한 느낌이나 기분에 대해 써보자. 열 개에서 스무 개 정도의 문장을 만들어보자. 부담스럽더라도 문장을 만드는 연습을 지속하는 것이 좋다.

POINTS
1. 한 패턴당 1point
2. 한 문장당 1point
* 패턴을 이용한 한 문장의 최종 점수는 2점

20___년 ___월 ___일

제목 :

자신의 점수를 스스로 계산해보자!
문장 수 :　　　　　　패턴을 사용한 문장 수 :　　　　　　총점 :

WEEK FIVE Never, Never, Never give up English!

DAY 32

I suspect that~
~가 아닌가 하고 생각(의심)하다

I doubt that~
~가 아닐까 하고 생각(걱정)하다

suspect는 '~을 의심하다, 수상하게 여기다, ~이 아닌가 하고 생각하다, 추측하다'는 뜻으로, I suspect that은 '나는 ~가 아닌가 하고 생각한다'는 뜻이다. 또한 doubt는 '의심하다, 의문스럽게 생각하다, 미심쩍게 여기다'라는 뜻으로, I doubt that절은 '~이 아닐까 하고 생각(걱정)하다'는 의심스러움을 나타낼 때 사용한다.

I suspect that my computer is infected with a virus.

 핵심 패턴을 익히자!

1. 내 친구가 재정적인 어려움을 겪고 있는 것으로 의심된다.

   I suspect that _____.

2. 누군가 내 아이디를 불법적으로 사용하는 것으로 의심된다.

   I suspect that _____.

3. 나의 동업자가 회사로부터 돈을 훔치는 것으로 의심된다.

   I suspect that _____.

4. 내 컴퓨터가 바이러스에 감염된 것으로 의심된다.

   I suspect that _____.

5. 그가 20파운드 살을 뺐다는 것에 회의적이다.

   I doubt that _____.

6. 이제 더 이상 실제로 이 게임을 하는 사람은 없는 것 같다.

   I doubt that _____.

7. 우리가 어떤 구체적인 증거를 찾는 것에 대해 회의적이다.

   구체적인 증거: concrete evidence

   I doubt that _____.

8. 앞으로 더 문제가 생길 것이라는 것에 회의적이다.

   I doubt that _____.

1. I suspect that my friend is in financial trouble.
2. I suspect that someone is using my ID illegally.
3. I suspect that my business partner is stealing money from our business.
4. I suspect that my computer is infected with a virus.
5. I doubt that he has really lost 20 pounds.
6. I doubt that anyone actually plays this game any more.
7. I doubt that we will ever find any concrete evidence.
8. I doubt that there will be more problems.

WEEK FIVE Never, Never, Never give up English!

패턴을 반복해서 연습하자!

난 대학에서 회계를 2년간 공부해오고 있다.
난 회계가 사업 영역에서 가장 중요한 것들 중에 하나라고 들었다.
그래서 난 회계 전공으로 학교를 졸업하고 싶다.
그리고 난 회계가 인간사회에서 필수라는 것을 확신한다.
회계를 배워서 기쁘고 난 이것이 자랑스럽다.

I have studied accounting for two years in university.
I heard the accounting is one of the most parts in business area.
So I want to graduate university as accounting major.
And I firmly believe that accounting is necessary in human society.
I am happy to learn it and I am proud of it.

 ## 나만의 일기를 써보자!

이번에는 일상생활의 과정을 쓰는 것보다 자신이 하고 있는 업무나 활동 등 한 가지 주제에 대해 자신의 생각이나 느낌, 의견을 써보자. 자신의 생활에 대해 돌아보는 시간이 될 것이다.

POINTS
1. 한 패턴당 1point
2. 한 문장당 1point
* 패턴을 이용한 한 문장의 최종 점수는 2점

20___년___월___일

제목 :

자신의 점수를 스스로 계산해보자!
문장 수 :　　　　　　패턴을 사용한 문장 수 :　　　　　　총점 :

WEEK FIVE Never, Never, Never give up English!

DAY 33

I wonder why~ 왜 ~을 하는지 의아하다
I wonder if~ ~인지 아닌지 궁금하다

wonder는 '의아해하다, 궁금해하다'의 뜻으로, I wonder why는 '왜 ~하는지 궁금하다'는 표현이다. why 대신에 if를 쓰면 I wonder if~로 '~인지 아닌지'의 뜻이 되어 '~인지 아닌지 궁금하다'의 표현이 된다. if는 '만약 ~라면'의 뜻도 있지만 '~인지 아닌지'의 뜻도 있다는 것을 잊지 말자.

I wonder why there are so many people at the store.

 핵심 패턴을 익히자!

1. 왜 그가 그녀에게 더 많은 돈을 요구하지 않았는지 의아하다.

   I wonder why _____.

2. 왜 상점에 사람이 그렇게 많은지 의아하다.

   I wonder why _____.

3. 하고 많은 여배우들이 있는데 왜 그들이 그녀를 선택했는지 의아하다.

   하고 많은 여배우들, 수많은 여배우들: tons of other actresses

   I wonder why _____.

4. 왜 그 저자는 그 정보가 얻기 힘들다고 느꼈는지 의아하다.

I wonder why _____.

5. 그 젊은 여자가 버려진 아이의 엄마인지 궁금하다.

버려진 아이: abandoned baby

I wonder if _____.

6. 편집자로 일자리를 얻을 수 있을지 궁금하다.

I wonder if _____.

7. 새로 오신 선생님이 그 아이를 좀 더 효과적으로 통제할 수 있을지 궁금하다.

~에 더 효과적이다: be more effective at~

I wonder if _____.

8. 이런 종류의 논의가 실제로 혜택이 있을지 궁금하다.

I wonder if _____.

1. I wonder why he didn't ask her for more money.
2. I wonder why there are so many people at the store.
3. I wonder why they chose her when there are tons of other actresses out there.
4. I wonder why the author felt the information was hard to obtain.
5. I wonder if the young woman was the mother of the abandoned baby.
6. I wonder if can get a job as an editor.
7. I wonder if the new teacher will be more effective at controlling him.
8. I wonder if this kind of discussion could actually be beneficial.

패턴을 반복해서 연습하자!

모든 사람들은 그들이 원하면 부모가 될 수 있다.
그러나 가장 중요한 것은 그들이 좋은 부모가 될 수 있느냐 아니냐는 것이다.
좋은 부모가 되기 위해서, 사람들은 책임감이 있어야 하고, 그들의 아기가 커서 부모 도움 없이 혼자 살 수 있을 때까지 도와줄 힘이 있어야 한다.
난 우리 부모님처럼 좋은 부모가 되고 싶다.
그리고 난 항상 부모님께 감사한다.
난 그들의 자녀에게 좋은 부모가 되는 것보다 힘든 것은 없다고 생각한다.
그래서 난 좋은 부모가 되려고 노력할 것이다.

All people can be parents if they want.
However, the most important thing is whether they can be good parents or not.
To be good parents, people should have sense of responsibility and power which can support their baby until they can live alone without parents' supporting.
I want to be a good parent like my parents.
And I am always thankful to my parents.
And I think nothing harder than being good parents to their children.
So I will try to be a good parent.

 나만의 일기를 써보자!

'좋은 부모'가 되기 위해서는 어떻게 해야 할까요? 좋은 부모가 되기 위해서 갖춰야 할 것은 무엇인지, 어떤 노력을 해야 할지, 자신은 어떤 모습의 부모가 되고 싶은지 등 부모에 대한 일기를 써보자.

POINTS

1. 한 패턴당 1point
2. 한 문장당 1point
* 패턴을 이용한 한 문장의 최종 점수는 2점

20____년__월__일

제목 :

자신의 점수를 스스로 계산해보자!
문장 수 :   패턴을 사용한 문장 수 :   총점 :

WEEK FIVE Never, Never, Never give up English!

DAY 34

It is obvious that~ ~은 분명하다
It is natural~ ~은 당연하다

> obvious는 '분명한, 명백한'이라는 뜻으로, It is obvious that~에서 it은 가주어이고, that절이 진주어이다. it은 해석하지 않고, that절은 '~은 명백하다'로 해석한다. 또한 natural은 '자연스러운, 당연한'의 뜻으로, It is natural ~ 은 '~은 당연하다'는 의미이다. 다양한 상황을 연상하면서 문장을 만들어보고, 읽어보면 말문이 '뻥' 뚫리고 있음을 스스로 깨닫게 될 것이다.

 핵심 패턴을 익히자!

1. 그녀는 분명히 다시 나에게 연락을 할 것이다.

   ~와 연락하다: contact somebody

   It is obvious that _____.

2. 유럽은 재정 위기를 분명히 해결할 수 있을 것이다.

   재정위기: financial crisis

   It is obvious that _____.

3. 배심원은 분명히 그에게 유죄 판결을 내릴 것이다.

　　~에게 유죄 판결을 내리다: convict somebody

　　It is obvious that _____.

4. 그 영화에는 분명 결함들이 있다.

　　It is obvious that _____.

5. 개인이 무력감을 느끼는 것은 당연하다.

　　It is natural for _____.

6. 야생동물이 사람과 개를 보고 도망가는 것은 당연하다.

　　~을 보고 도망가다: run away from~

　　It is natural for _____.

7. 사람들이 홍수를 보거나 소식을 들었을 때 걱정하는 것은 당연하다.

　　It is natural for _____.

8. 그리스의 여론이 정치인들에게 화를 내는 것은 당연하다.

　　It is natural that _____.

1. **It is obvious that** she will contact me again.
2. **It is obvious that** Europe can solve its financial crisis.
3. **It is obvious that** the jury will convict him.
4. **It is obvious that** there are flaws in the movie.
5. **It is natural for** individuals to feel powerless.
6. **It is natural for** a wild animal to run away from humans and dogs.
7. **It is natural for** people to be concerned when they see or hear about flooding.
8. **It is natural that** Greek public opinion should be angry with its politicians.

📚 패턴을 반복해서 연습하자!

내가 대학을 가기 위해 집을 떠나던 날이 생생하게 기억난다.
그 당시 난 20살이었다.
내가 대학 가기 전까지는 1년 이상 부모님을 떠난 적이 없었다.
그래서 난 어떻게 내가 부모님 없이 혼자 살까 굉장히 걱정했었다.
그 당시 난 서울로 혼자 가는 것이 마음에 내키지 않았다.
그러나 지금 난 서울에서 공부한 것을 후회하지 않는다.

I vividly remember the day when I went to University.
Then I was 20 years old.
Until I went to University, I had never left my parents more than a year.
So I was really worried about how can I live alone without parents.
Then I didn't feel like going to Seoul alone.
But now, I don't regret going to Seoul to study.

📚 나만의 일기를 써보자!

어린 시절의 추억을 떠올리며 일기를 써보자. 어릴 때 경험 중 가장 기억에 남는 사건을 중심으로 기쁜 일, 슬픈 일 등을 생각해보고, 그 경험이 지금은 어떤 기억으로 남아 있는지도 적어보자. 시제는 과거로 사용하면 된다. 패턴을 활용한 문장을 가능한 많이 만들어보자.

POINTS

1. 한 패턴당 1point
2. 한 문장당 1point
* 패턴을 이용한 한 문장의 최종 점수는 2점

20___년 ___월 ___일

제목 :

자신의 점수를 스스로 계산해보자!
문장 수 :　　　　　　패턴을 사용한 문장 수 :　　　　　　총점 :

DAY 35

(It is) No wonder~

~은 당연하다

wonder는 '놀랄만한 것, 경이, 불가사의, 기이한 광경, 놀라움, 경탄, 기적, 기적적인 행동(사건), 놀라운 효과'라는 뜻이다. It is no wonder(or No wonder)(that)~는 '~인 것은 조금도 이상하지 않다', '놀랄 일이 아니다'라는 뜻이 된다. 반대로 It's a wonder(that~)는 '~인 것은 놀랄 일이다'라는 뜻이다.

(It's) No wonder the young people are leaving the area.

핵심 패턴을 익히자!

1. 그들이 그를 천재라 부르는 것도 당연하다.

   (It's) No wonder _____.

2. 내가 항상 스트레스를 받는 것도 당연하다.

   (It's) No wonder _____.

3. 그가 스스로를 무력하다고 여긴 것도 당연하다.

   (It's) No wonder _____.

4. 젊은 사람들이 그 지역을 떠나는 것도 당연하다.

(It's) **No wonder** _____.

5. 그녀가 그 문제에 대해서 결심을 못하는 것도 당연하다.

결심하다: make up one's mind

(It's) **No wonder** _____.

6. 많은 팬들이 이 팀에 대한 희망을 잃어버린 것도 당연하다.

(It's) **No wonder** _____.

7. 요즘 젊은이들이 정부를 훨씬 덜 신뢰하는 것도 당연하다.

(It's) **No wonder** _____.

1. (It's) **No wonder** they call him a genius.
2. (It's) **No wonder** I'm always stressed.
3. (It's) **No wonder** he thought himself helpless.
4. (It's) **No wonder** the young people are leaving the area.
5. (It's) **No wonder** she can't make up her mind about the matter.
6. (It's) **No wonder** many fans have lost hope in this team.
7. (It's) **No wonder** young people today trust their government even less.

패턴을 반복해서 연습하자!

지금으로부터 10년 후 난 34살이 될 것이다.
내가 10년 후에 무엇을 할지 상상하는 것은 굉장히 힘들다.
그러나 행복한 가정과 안정된 직업을 가졌으면 한다.
10년 후에 나에게 실망하지 않기 위해 내 자신을 매일매일 발전시킬 것이다.
가장 중요한 것은 행복해지는 것이다.
그래서 난 10년 후 내가 행복해지고 인생을 즐겼으면 좋겠다.
이 영작 덕분에 나의 미래를 상상할 수 있어서 좋다.

Ten years later from now, I will be 34 years old.
It is really hard to imagine what I will do after ten years.
But I hope to have happy family and stable job.
Not to disappoint me after ten years, I am planning to develop myself day by day.
The most important thing is to be happy.
So I want to be happy and enjoy my life after ten years.
Thanks to this English composition, I was happy to imagine my future.

 나만의 일기를 써보자!

지금으로부터 딱 10년 후 자신이 무엇을 하고 있을지 상상하여 일기를 써보자. 현재의 꿈과 연결하여 어디서 무엇을 하고 있을지에 대해 작성하면 된다. 자유롭게 패턴을 사용해보자.

POINTS
1. 한 패턴당 **1point**
2. 한 문장당 **1point**
* 패턴을 이용한 한 문장의 최종 점수는 2점

20___년 ___월 ___일

제목 :

자신의 점수를 스스로 계산해보자!
문장 수 :   패턴을 사용한 문장 수 :   총점 :

WEEK FIVE Never, Never, Never give up English!